旅游规划设计机构经营与管理

潘肖澎　马有明／编著

旅游教育出版社
·北京·

策　　划：陈　园
责任编辑：张　娟

图书在版编目(CIP)数据

旅游规划设计机构经营与管理／潘肖澎，马有明编著．－－北京：旅游教育出版社，2013.5
ISBN 978-7-5637-2521-2

Ⅰ．①旅… Ⅱ．①潘… ②马… Ⅲ．①旅游企业—旅游规划—企业经营管理—研究—中国 Ⅳ．①F592.6

中国版本图书馆CIP数据核字（2012）第281884号

旅游规划设计机构经营与管理

潘肖澎　马有明　编著

出版单位	旅游教育出版社
地　　址	北京市朝阳区定福庄南里1号
邮　　编	100024
发行电话	(010)65778403　65728372　65767462(传真)
本社网址	www.tepcb.com
E-mail	tepfx@163.com
印刷单位	北京中科印刷有限公司
经销单位	新华书店
开　　本	787mm×1092mm　1/16
印　　张	15.75
字　　数	226千字
版　　次	2013年5月第1版
印　　次	2013年5月第1次印刷
定　　价	42.00元

（图书如有装订差错请与发行部联系）

目 录
CONTENTS

第一章　旅游规划设计机构概况 ………………………………… 001
一、旅游规划设计机构的基本内涵和概况 ……………………… 002
二、我国旅游规划设计机构的发展历程 ………………………… 003
三、旅游规划设计机构的分类 …………………………………… 007

第二章　旅游规划设计机构的管理结构 ………………………… 011
一、组织结构 ……………………………………………………… 012
二、人才结构 ……………………………………………………… 016
三、运营结构 ……………………………………………………… 022
四、资质条件 ……………………………………………………… 025

第三章　旅游规划设计项目的成果体系 ………………………… 029
一、旅游规划设计成果体系的层次和类型 ……………………… 030
二、旅游规划设计成果体系的内容 ……………………………… 031

第四章　旅游规划设计项目的来源与合同 ……………………… 045
一、项目来源 ……………………………………………………… 046
二、项目委托形式 ………………………………………………… 047
三、项目合同 ……………………………………………………… 054

第五章　旅游规划设计的工作程序 ········· 061

　　一、任务确定 ········· 062
　　二、前期准备 ········· 063
　　三、成果编制 ········· 072
　　四、成果评审 ········· 076
　　五、成果报批 ········· 078

第六章　旅游规划设计的项目管理 ········· 081

　　一、项目管理的内涵 ········· 082
　　二、项目组织管理 ········· 082
　　三、项目过程管理 ········· 086
　　四、项目质量管理 ········· 090
　　五、其他管理 ········· 091

第七章　旅游规划设计机构的品牌营销 ········· 093

　　一、旅游规划设计机构品牌营销的内涵和意义 ········· 094
　　二、品牌营销的内容和组织 ········· 094
　　三、品牌营销的方法和媒介 ········· 097

第八章　旅游规划设计机构的发展机遇和趋势 ········· 103

　　一、旅游规划设计机构的发展机遇 ········· 104
　　二、旅游规划设计机构的发展趋势 ········· 108

附录一　旅游发展规划管理办法 ········· 113
附录二　旅游规划通则 ········· 116
附录三　旅游规划设计机构资质等级认定管理办法 ········· 126
附录四　某旅游规划设计有限公司管理制度 ········· 129

后　记 ········· 247

第一章 旅游规划设计机构概况

一、旅游规划设计机构的基本内涵和概况

旅游规划是指对未来某个地区旅游业的发展方向、产品开发、空间布局、设施配置、宣传促销及环境保护等一系列重要事项的总体安排，它对该地区旅游业的发展具有宏观指导和动态调控作用。其实质就是根据市场环境的变化情况和永续发展的时代要求，对与区域旅游业发展有关的资源如土地、人力、资金、景观等进行优化配置，具体包括对旅游投资的正确引导、对旅游经济要素的合理配置和对影响公共利益、公共安全的主要空间资源进行有效的控制以及相关部门的分工协作等。

旅游规划设计机构[①]是指从事旅游规划设计业务的企、事业单位，其业务主要是编制各级旅游发展规划，包括全国旅游发展规划、区域旅游发展规划、地方各级旅游发展规划；编制各类旅游专项规划，包括旅游景区规划、景观设计、活动策划、营销策划、资源开发方案等；提供与旅游规划设计相关的其他服务[②]。

旅游规划设计机构作为旅游行业中的一支新兴力量，经过多年的发展，已经成为中国旅游队伍中专业化水平最高、综合知识能力最强的行业之一，为促进我国旅游资源的科学开发、区域旅游的整合规划、旅游产业的持续健康发展发挥了重要作用。截至2012年6月，全国甲级旅游规划设计资质单位70家、乙级旅游规划设计资质单位239家，丙级旅游规划设计资质单位近200家，旅游规划设计从业人员约2万人，年产值约30亿元[③]。

---

① 因为从事旅游规划设计的机构既包括政府的事业单位，也包括国有、集体所有企业以及私营企业等，因此在本书的语境中使用"机构"这个术语来统称从事该行业的所有组织。
② 包括旅游项目策划、旅游活动策划、旅游市场营销、旅游项目咨询服务等。
③ 其中包括其他非旅游规划设计资质单位参与的旅游相关项目和相关从业人员。

2012 年全国甲、乙级旅游规划设计资质单位统计表

地区	甲级	乙级	地区	甲级	乙级
北京	23	48	湖北	1	7
天津	1	3	湖南	1	10
河北	1	4	广东	7	17
山西	1	4	广西	2	11
内蒙古	0	0	海南	0	1
辽宁	0	6	重庆	1	9
吉林	1	1	四川	3	4
黑龙江	0	4	贵州	1	8
上海	4	10	云南	3	14
江苏	4	12	西藏	0	0
浙江	8	17	陕西	2	7
安徽	0	4	甘肃	1	0
福建	1	2	青海	0	0
江西	1	5	宁夏	0	1
山东	1	10	新疆	0	10
河南	1	10	兵团	1	0
合计	甲级			乙级	
	70			239	
总计	309				

二、我国旅游规划设计机构的发展历程

（一）萌芽阶段（1982～1990 年）

中国旅游业萌生于新中国的外交工作[①]。1982 年，"中国旅行游览事业管理局"更名为"国家旅游局"，我国旅游业才从外事接待工作中分离出来，逐渐发展成为一个独立的经济产业。这一时期，国家建设规划部门开始对城市、景区加以规划，出现了各类风景旅游城市规划、旅游风景名胜区规划等；林业部门开始对森林旅游资

---

① 中国的旅游规划设计机构是与中国旅游业同步发展的，因此旅游规划设计机构的发展历程必须结合我国旅游业的发展进行梳理。

源进行森林公园的规划与开发①;科研机构、高校地理学方面的学者逐渐投入到旅游规划专项研究和实践中②。这一时期的规划主要挖掘自然和人文旅游资源,满足更多游客的游览需求,旅游规划设计的重点是进行旅游资源的开发,因此,旅游资源分类、评价和开发利用成为旅游规划设计的主体内容。

1982~1990年,旅游规划设计机构有以下特点:一是旅游规划设计项目总量较少,以旅游资源开发项目为主;二是还未形成专门的旅游规划设计机构,城市规划、林业规划单位以及少数高校、科研单位③是旅游规划设计的主力;三是旅游学科特征不明显,大多数的旅游专项规划由地理、经济学科的专家完成。

(二)起步发展阶段(1991~1999年)

进入20世纪90年代以后,我国旅游业顺利完成了发展阶段的转换,实现了更高层次上的发展,在经济结构调整的过程中,显示出了朝阳产业的特征。1998年召开的中央经济工作会议,将我国旅游业作为国民经济新的增长点,从而大力扶持了我国旅游业的发展,将旅游产业地位提高到一个新的高度。在全国旅游资源的开发工作上,最具代表性的是国家旅游局直接投资或部分投资,进行了西安、桂林、苏州、杭州、广州、北京、上海等几个重点旅游地区的系列建设工程,同时在国家层面上编制了"八五""九五"旅游产业发展规划,很好地指导了各地旅游业的发展。在此期间,部分省、市也开始编制旅游发展总体规划。旅游"黄金周"的出现进一步扩大了旅游市场需求,传统景区、人造旅游吸引物、主题公园、旅游度假区、城市旅游目的地的建设如火如荼,相应地促进了旅游规划在全国大规模地进行④。这一

---

① 这一时期我国旅游规划工作定性为资源导向型,基本沿着资源导向思路,以资源性质决定旅游活动类型,然后进行规划。这种规划的模式是卖方市场条件下旅游规划工作的基本特征。
② 比较有代表性的有郭来喜等人1985年完成的"华北海滨风景区昌黎段开发研究",郭康等人1985年完成的"秦皇岛市老岭旅游资源的开发战略",杨冠雄等人1986年完成的"厦门旅游总体规划",北京大学陈传康等人1986年完成的"陆丰县的海滨旅游资源开发层次结构"以及1987年完成的"丹霞山风景名胜的旅游开发规划"等,这些工作均对以后的旅游规划产生了深远的影响。
③ 如北京大学、中科院地理所。
④ 如中国科学院地理研究所完成了江西省、青海省、宁夏回族自治区、北海市、南宁市等省区市旅游规划,中山大学完成了广东省、湖北省、桂林市、苏州市、珠海市、东莞市等省市旅游规划及西部旅游投资规划(西南片),北京第二外国语学院完成广西等旅游规划,北京大学完成北京市、济南市等旅游规划。

时期的旅游规划进入了以市场需求为导向的产业化规划阶段。旅游规划编制的重点从只重视旅游资源开发转向了旅游资源开发与旅游市场并重，并开始将旅游业作为一个产业部门加以培育和系统化的规划。

这一时期，旅游规划设计机构的显著特征体现在以下几个方面：一是旅游规划设计机构依然以科研机构、高校为主，同时也出现了专门从事旅游规划设计的单位和机构；二是旅游规划设计机构对传统旅游规划开始反思，更加注重在旅游规划设计之中结合旅游业自身发展特点，运用旅游学理论解决旅游问题；三是开始在政府主导型规划设计项目以外寻求突破的探索。

（三）规范发展阶段（2000～2008年）

2000年，全国旅游外汇收入达到162多亿美元，从1978年世界排名第41位跃升到第7位，到2008年，全国旅游外汇收入达到408.43美元，世界排名上升至第5位。而国内旅游业快速发展呈现出"大产业、大旅游、大市场"的格局。这一时期，除了国家旅游局高度重视旅游产业发展规划的编制外[①]，各地方政府也开始逐渐重视编制地方旅游总体规划、旅游产业规划、策划、市场营销、发展战略研究以及旅游景区的各项规划、策划、设计等。以2000年10月颁布的《旅游发展规划管理办法》为标志，国家旅游局相继出台了《旅游规划设计单位资质等级认定暂行办法》[②]、《旅游规划通则》[③] 等与旅游规划相关的部门规章和国家标准，促进中国旅游规划开始走上规范化、标准化的轨道，旅游规划设计机构也进入了快速发展期。

这一时期，旅游规划设计机构的显著特征体现在以下几个方面：一是全国性、地方性旅游规划以及旅游目的地以及旅游景区规划设计的需求激增，旅游规划设计机构生产规模快速扩大；二是旅游规划设计机构的队伍不断壮大，规划设计人员构

---

① 如国家旅游局已经高度重视旅游产业发展规划的编制，完成了《中国旅游业发展"十五"规划和2015年、2020年远景目标纲要》、《中国旅游产业"十一五"规划》以及丝绸之路、香格里拉、东部地区、中部地区等重点区域旅游规划的编制等。
② 《旅游规划设计单位资质认定暂行办法》于2000年11月22日发布；2005年8月5日，国家旅游局发布《旅游规划设计单位资质认定管理办法》，《旅游规划设计单位资质认定暂行办法》同时废止。
③ GB/T 18971—2003，2003年2月24日发布。

成也趋于丰富①；三是外国专家或企业参与规划设计编制；四是以政府主导型规划设计项目为主，企业主导型的旅游规划设计项目逐步增多；五是借助行业管理，旅游规划的规范化趋向明显。

（四）多元发展新阶段（2008年至今）

2008年以来，以奥运会、世博会为契机，中国旅游业继续保持了持续、平稳、较快发展，消费热点不断增加、宣传推广持续加强、新兴业态快速涌现、企业经营整体向好、旅游市场平稳较快增长。2011年，国内旅游人数达26.4亿人次，国内旅游收入1.93万亿元，入境旅游人数1.35亿人次，旅游外汇收入470亿美元，中国成为第三大旅游目的地国。国际金融危机之后，随着中国经济的转型升级，尤其是2009年国务院41号文件，将旅游业确定为战略性支柱产业，更使得旅游规划设计迎来了发展的黄金期。经过多年的发展，旅游规划已经从第一代的资源规划和第二代的空间规划，发展到了第三代的建设规划②。各级政府都将旅游规划设计作为发展旅游产业的重要抓手，旅游规划水平已经成为衡量一个地区或部门经济决策能力和产业领导水平的重要标志。同时，除了政府主导型的旅游规划设计项目不断增加外，受宏观经济形势和企业产业结构调整的影响，各类企业纷纷进入旅游行业，企业主导型的旅游规划设计项目数量激增。

这一时期，旅游规划设计机构的特点体现在以下几个方面：一是旅游规划设计机构队伍构成越来越复杂，城市规划、建筑设计、景观设计、文化传播、景区经营、地产开发等多个行业的企业都纷纷进军旅游规划设计行业，旅游规划设计机构竞争加剧；二是旅游规划设计机构的业务更加多元，除传统规划设计外，拓展了规划设计的上下游产业链，发展了如景区质量等级提升、景区托管、景观建筑设计、旅游网络营销、旅游电子商务、智慧旅游、旅游企业形象设计、旅游商品设计、酒店经营与管理等相关业务。

---

① 不仅局限于以旅游规划"起家"的机构，建设设计院（公司）、城市规划院、景观规划机构也开始进入旅游规划领域，丰富了旅游规划设计的内涵和外延。
② 即旅游规划更加强调主体功能分区、产业布局，更加注重产品建设——摘自国家旅游局党组成员、规划财务司司长吴文学在2012年全国旅游规划发展工作会议上的讲话。

三、旅游规划设计机构的分类

从旅游规划设计机构的分类来看，以单位性质为划分依据可将我国从事旅游规划设计的单位分为事业单位、企业及其他三种类型。根据对目前全国甲、乙级旅游规划设计资质单位的研究和分析，事业单位在数量上约占旅游规划设计机构总量的11.7%，企业约占87.3%，其他约占1%[1]。

（一）事业单位

事业单位是相对于企业单位而言的，一般指以满足社会文化、教育、科学、卫生等方面需要，不以营利为直接或主要目的，以提供各种社会服务为直接目的的社会组织。在我国从事旅游规划设计的事业单位主要包括各类科研机构和高校。

1. 科研机构

从构成来看，旅游规划设计的科研机构既有旅游管理部门专门成立的旅游研究机构，也有与旅游规划设计相关的其他各类科研单位。

其中，旅游管理部门专门成立的旅游研究机构，如中国旅游研究院、江苏省旅游局发展咨询中心、江西省旅游规划研究院、广东省旅游发展研究中心、广西旅游规划设计院、云南省旅游规划研究院、陕西省旅游设计院等一般为各级旅游局（委）直属的专业研究机构[2]，主要职能是开展对影响旅游业发展的理论、政策和重点、难点问题的研究，除此之外也参与旅游发展规划设计项目的实际操作。这类机构作为各级政府的旅游智囊团，较为熟悉政府旅游行业管理的政策和要求，

---

[1] 该处的数量比例是以国家旅游局批准的甲、乙级旅游规划设计资质单位数量和类型为基础进行分析的，由于甲、乙级旅游规划设计资质单位是我国从事旅游规划设计的主体，因此通过分析其类型比例可以大体说明总体情况。

[2] 按照国家事业单位分类属于公益二类。

并拥有良好的专业人才队伍，因此有较好的旅游规划设计平台。但由于单位的公益目标和"收支两条线"的管理体制[1]，导致这类机构参与旅游规划设计项目的数量不多，员工工作的积极性也不高。

其他从事旅游规划设计的科研机构主要是来自于各类相关科研机构[2]，包括综合类科研单位，如中国社会科学院；地理系统的科研单位，如中国科学院地理科学与资源研究所、河北省科学院地理科学研究所、河南省科学院地理研究所；林业类的科研单位，如甘肃省林业调查规划院、浙江省林业调查规划设计院、江西省林业调查规划研究院、陕西省林业勘察设计院、广西林业勘测设计院、国家林业局昆明勘察设计院；以及其他类型的勘察设计院，如新疆生产建设兵团勘测规划设计研究院。这些机构除了完成本行业的相关业务，也积极参与旅游规划设计项目的工作。由于自身职能的原因，这类机构易于开拓本行业内与旅游相关的规划设计项目市场，但由于专业分工、主要职能、体制机制等方面的影响，旅游规划设计的专业性有待提高。

2. 高校

高校单位从事旅游规划设计，一方面可以为学生提供丰富的课外实践活动，提高学校旅游教学质量，另一方面也能够对旅游科研提供项目机会和科研经费支持。因此，高校单位从事旅游规划设计，对于发挥高校科研人才优势，实现旅游学科的产、学、研一体化具有重要的意义[3]。目前，从事旅游规划设计的高校既有以学校为主体进行旅游规划设计项目运作的[4]，如暨南大学、河北师范大学、福建师范大学、中华女子学院；也有以学校某个学院为主体进行项目运作的，如华南师范大学地理科学学院、安徽师范大学旅游发展与规划研究中心、华中师范大学旅游规划与景观设计研究院、中国地质大学旅游发展研究院、徐州师范大学旅游研究所等。

---

[1] 属于公益二类的事业单位根据国家确定的公益目标，自主开展相关业务活动，并依法取得服务收入，其服务价格执行政府定价或政府指导价。在完成规定任务的基础上，可依法开展相关的经营活动。服务收入和经营收入属于政府非税收入的按规定纳入财政管理，实行"收支两条线"。

[2] 一般属于各类、各级与旅游相关行业系统的科研生产经营服务型的事业单位。

[3] 随着旅游科学的综合性进一步增强，高校中城市规划、经济学、历史学、社会学等各方面的专家也陆续参与到旅游规划中来，形成了综合性强的高等院校组建的跨系、跨学科的旅游规划研究机构。

[4] 即以高校为运营主体或法人代表。这种类型所有的旅游规划设计项目费用都必须进入学校账户，所有收益只能作为项目科研成本，利润不得分红。值得注意的是，有部分单位名称中有高校、工作人员也主要为高校老师，但其单位性质是企业，因此将这部分机构归入企业部分讨论。

高校从事旅游规划设计的优势是旅游规划人才丰富,且生产成本较低[①]。缺点主要是受到体制、机制的限制,参与旅游规划设计业务积极性不高,同时目前高校承担的旅游规划设计工作多为"师傅带徒弟"式的工作方式[②],工作人员经验缺乏导致项目专业性不高,创新性和可操作性不强等问题也愈发严重。

(二) 企业

1. 企业类型

(1) 专业类企业

从事旅游规划设计的专业机构主要是指以旅游规划设计为主营业务的企业,这些企业包括北京全景视域旅游景观设计有限公司、北京达沃斯巅峰旅游规划设计院有限公司、北京大地风景旅游规划设计院有限公司、北京开思九州旅游发展研究中心等。旅游规划设计的专业类企业一般拥有优质的旅游专业人才队伍和丰富的项目经验,同时也有较为丰富的与旅游规划设计相关的上下游产业链资源[③],有利于实现规划设计项目的落地。

(2) 其他类企业

从事旅游规划设计的其他类企业主要是指以非旅游规划设计业务为主业,旅游规划设计业务为副业的企业。包括从事建筑设计、景观设计、城市规划[④]、勘察规划、投资咨询等业务的企业,如北京市建筑设计研究院、中国城市规划设计研究院、北京清华城市规划设计研究院、上海同济城市规划设计研究院、云南省城乡规划设计研究院等都在从事旅游规划设计方面的业务。这类企业主营业务与旅游规划设计项目有交叉,因此多从本行业特点出发从事旅游规划设计业务。

---

① 高校旅游规划设计的编制团队多为在校教师和学生,加上可以以较低价格或者免费使用高校自身的办公场所、办公设备等,因此其生产成本较低。
② "师傅带徒弟"式的工作方式是以学校专家领军,组织有关教师和学生共同完成项目,这其中不乏不负责任的老师,将大部分工作交由在校学生完成,导致工作质量大为下降。
③ 如景观设计、项目招商、市场营销、景区管理等方面。
④ 规划设计院比较侧重于具体的物质(形体)规划,风景区和度假区规划大部分是由规划设计院完成的。如中国城市规划设计研究院完成了大量的风景区和度假区规划,其他如北京清华城市规划设计研究院、上海同济城市规划设计研究院也都完成了大量风景区和度假区规划。

2. 企业性质

从旅游规划设计企业的性质来看，主要有国有企业、私有企业和混合所有制企业三类：

（1）国有企业

从事旅游规划设计的国有企业一般是各地从事城市规划和建筑设计的国有性质或国有控股的规划设计院，如北京市建筑设计研究院、中国城市规划设计研究院、北京清华城市规划设计研究院等。值得注意的是，从事旅游规划设计的企业中还存在部分挂高等院校牌子但其实质是国有或国有控股企业的机构，如国有控股的中山大学旅游发展与规划研究中心。

（2）私有企业

从事旅游规划设计的私有企业包括各类规划设计公司，如北京土人城市规划设计有限公司、北京达沃斯巅峰旅游规划设计院有限公司等。以及挂高校牌子的规划设计企业如浙江大学亚欧旅游规划设计研究院、浙江大学风景旅游规划设计有限公司、浙江工商大学旅游规划设计院有限公司等。

（3）混合所有制企业

从事旅游规划设计的混合所有制企业一般是各地从事城市规划和建筑设计的规划设计院和部分高校的规划设计机构，如武汉大学旅游规划设计研究院、中国地质大学旅游发展研究院、华中师范大学旅游规划与景观设计研究院等。

（三）其他机构

除高校、科研单位以及企业从事旅游规划设计行业外，在我国包括世界旅游组织、国际咨询公司等一些组织也在积极从事旅游规划设计或咨询业务，如近年我国与世界旅游组织正在开展旅游规划培训和规划研制方面的合作，到目前为止，世界旅游组织在中国编制或协助编制完成了四川、山东、云南、海南、贵州五省的旅游总体规划。

第二章 旅游规划设计机构的管理结构

管理结构是指一种对组织进行管理和控制的体系,是处理组织机构各种契约关系的一种制度。一个合理的管理结构,直接关系着旅游规划机构相关业务开展的效率与质量,关系着规划编制人员专业技能的提高与培养,对旅游规划设计单位的可持续发展有重要意义。根据旅游规划设计机构的特点,本书中涉及的机构管理结构包含了组织结构、人才结构、运营结构和资质条件。

一、组织结构

组织结构是指单位组织内部各个有机构成要素相互作用的联系方式或形式,是单位各部门的构成方式,以此合理、有效地把单位成员组织起来。根据旅游规划设计行业的特点,旅游规划设计机构的核心组织结构由管理层、市场拓展部门、规划编制部门、项目管理部门、专家团队和其他部门构成。

(一)管理层

管理层是指规划设计机构的管理团队和人员,负责人事任免、监督和督促中层管理任务完成、协调外事活动;负责生产监督、调度、审核、提交建议;负责一线管理以及企业的具体生产执行和企业任务的操作。

目前国内旅游规划设计机构中,多数企业性质的规划设计机构内部有明确的管理部门和管理流程,对整个企业的发展目标和战略、人力资源、市场拓展、财务系统、项目管理等方面都具有清晰、明确的管理制度和管理手段。而事业单位性质的旅游规划设计机构由于体制原因,管理层对旅游规划设计机构在旅游规划项目业务方面的管理运作的规范性并不明显。

(二)市场拓展部门

市场拓展部门是旅游规划设计机构中对机构的相关服务进行销售的团队,主要负责机构业务的对外宣传推广、市场需求信息的收集和反馈、业务开拓、项目跟踪服务[①]等工作,是旅游规划设计机构最为重要的组织机构之一。

就目前我国各类旅游规划设计机构市场拓展部门的结构来看,既有专门的市场拓展部门,也有与管理层、项目生产等部门合并的综合市场拓展部门。一般来说,高校、事业单位以及国有企业性质的旅游规划设计机构由于拥有较为稳定的项目来源,且对项目的需求压力不大,因此,没有设立专门的市场拓展部门。而民营企业性质的旅游规划设计机构由于项目来源不稳定,人员流动性较大等原因,一般拥有专门的市场扩展部门负责拓展项目。值得注意的是,旅游规划设计机构将市场拓展部门与管理层或规划编制部门合并,在企业发展前期有利于机构管理层对公司项目的直接管理和节约成本,但当单位规模逐渐做大后,没有专门的市场拓展部门不利于旅游规划设计机构项目生产的专业分工和效率提高。

(三) 规划编制部门

规划编制部门是旅游规划设计机构中进行旅游规划设计的团队,主要负责旅游规划设计项目成果的制作,是旅游规划设计机构最核心的部门。由于旅游规划设计机构运营方式、业务类型等的不同,规划编制部门的组织结构也有很大不同。总结目前各类旅游规划设计机构的规划编制部门组织方式,大致可以分为专业型、项目型和综合型三类[②]。

1. 专业型

专业型是按照旅游规划设计项目的规划设计对象类型或规划编制团队人才类型的不同而进行规划编制部门分类组织的组织方法[③]。如北京某规划设计院将规划编制部门分为旅游产业与目的地规划设计中心、旅游综合开发规划设计中心、度假区规

---

① 一般来说市场拓展部门也要负责追讨项目款项等工作。
② 大多数旅游规划设计机构的规划编制部门并不是按照一种方式进行组织的,而是各种类型都有的方式。
③ 这是由于大部分旅游规划都是资源依托型规划,不同的资源类型需要有差异的针对性规划技术和方法,故而规划单位会根据资源类别的不同划分规划编制部门,不同类型的规划编制部门其主要的区别在于人员专业构成不同。

划设计中心、乡村旅游与休闲农业中心、休闲农场规划设计中心等多个专业中心[①]。专业型规划编制部门的优势在于有利于规划编制团队专业性的积累和提高生产效率，其劣势在于大多数旅游规划设计项目具有很强的跨学科、跨专业和综合性的特点，关注面过于狭窄的专业型规划编制团队往往很难独立完成一个项目，尤其是过于细分的规划编制团队，必须有很好的组织统筹，配合多个团队才能完成项目，在规划设计业务不多的情况下，容易造成规划编制人员开工不足。因此，专业型规划编制部门的组织结构适合于规划设计业务量大、项目综合性强的机构。

> **链接 1-1**
>
> 北京×××规划设计院将规划编制部门分为多个专业中心：旅游产业与目的地规划设计中心、旅游综合开发规划设计中心、度假区规划设计中心、乡村旅游与休闲农业中心、主题公园规划设计中心、旅游城镇规划设计中心、文化旅游与创意地产规划设计中心、工程咨询中心。

2. 项目型

项目型是按照旅游规划设计的项目层次和性质不同进行规划编制部门分类组织的组织方法。如旅游规划设计从层次上可以分为研究、策划、规划、设计、建设等；从范围上可以分为区域规划、旅游区规划、景区（点）规划、设施规划、建筑单体等。按照这个逻辑北京某旅游规划设计院的规划编制部门包括综合分院、创意分院、景观建筑分院、地产分院、产业分院、休闲与游憩分院、旅游度假综合体分院、风景园林设计中心、园林工程公司等。项目型规划编制部门的优点是针对规划设计项目的特点配置的人员专业性较强，有利于提高生产效率。缺点是由于旅游规划设计项目综合性较强，在实际运作中会造成规划编制部门之间的工作交叉较多，不易管理。因此，项目型规划编制部门组织结构适合规划设计业务中规划项目层次较多的规划设计机构。

---

① 由于旅游规划设计项目的复杂性，即使在专业型规划编制部门的组织结构中也存在着大量的业务交叉，如有些旅游地产类的规划编制部门也做区域旅游发展规划。

3. 综合型

综合型是按照行政管理进行规划设计机构规划编制部门组织的组织方法。如北京某城乡规划设计研究院将规划编制部门分为一所、二所、三所等。综合型规划编制部门的优点是每个部门都配备了各类的专业人才，综合性较强，缺点是专业性不够，不利于市场宣传和开拓[①]。因此，综合型规划编制部门组织结构适合于高校和事业单位或规划设计业务量不大的企业。

（四）项目管理部门

项目管理部门是旅游规划设计机构中代表机构对旅游规划设计项目生产进行相关管理的团队，其主要职责包括项目任务分配、项目立项管理、项目团队管理、项目进度管理、项目质量管理、项目绩效管理、项目风险管理等。旅游规划设计机构设置合理的项目管理部门能够提高旅游规划设计项目生产环节的顺畅程度，有利于提高生产效率，保证旅游规划设计成果的质量，降低生产风险。一般来说，只有大型专业旅游规划设计机构设置了项目管理部门，大多数科研单位、高校以及业务量较小的企业在项目管理部门设置方面还有待提高。

（五）专家团队

由于旅游规划设计的综合性和复杂性，绝大多数旅游规划设计机构必须借助外部力量辅助完成规划设计项目，因此规划设计机构都配备有一个专家团队作为辅助智库。就目前各类旅游规划设计机构的专家团队构成来看，以旅游行业管理部门退休人员、高校教师等从事旅游规划设计相关工作或研究的人员为主，一般以专家身份兼职于规划设计机构[②]，根据规划设计机构的项目需求参与旅游规划设计某一方面的工作。值得注意的是，专家团队已经成为旅游规划设计机构品牌的重要组成部分，专家知名度越高、影响力越大，其所在的旅游规划设计机构在市场宣传和开拓方面

---

① 如在市场拓展阶段，甲方不能直观地了解规划编制部门的主要技术特点。
② 有专职于规划设计机构的人员，也存在同一人被不同规划设计机构聘请为专家的情况。

就越有利。

(六) 其他部门

除了管理层、市场拓展、规划编制部门以及专家团队外，一个管理规范的旅游规划设计机构还需要有独立的财务部门、行政部门等保障机构的正常运转[①]。

1. 财务部门

财务部门主要负责单位的财务管理、成本控制、日常财务核算、项目费用收取、现金流量（营运资金）以及利润分配的管理。

2. 行政部门

行政部门主要负责机构对日常行政管理进行的相关安排，一般包括文件收发、文件管理、复印打印及保密制度、办公用品及车辆调配等工作。

3. 人力资源部门

主要是负责对岗位设置、人才招聘、培训、奖惩及劳资的执行、社会保险的实施、假期待遇、员工辞退等相关工作的管理。其中最核心的是人才招聘。

二、人才结构

旅游规划设计机构是以人才为核心竞争力的智力服务机构，成功的旅游规划设计机构不仅需要高水平的旅游专业人才支撑，而且需要与旅游相关的各方面的专业

---

① 值得注意的是，许多科研单位、高校类的旅游规划设计机构没有专门的针对旅游规划设计业务的财务和行政部门。其财务、行政等工作职能是由各自行政体系相应的部门进行负责。如西南林学院城市设计院，其所有的旅游规划设计项目资金都由学校财务统一负责，行政等职责也由学校相应部门负责。

人才构成，只有这样才能保障机构正常开展各类旅游规划设计业务。按照国家旅游规划设计技术规范的相关规定①，旅游规划设计编制团队应由比较广泛的专业人才构成，如旅游、经济、资源、环境、城市规划、建筑等。从目前国内旅游规划设计机构人才的专业构成来看，以旅游学、地理学②、城市规划、景观设计、经济学等方面的专业人才为主。

（一）旅游学

旅游学就是将旅游作为一种综合的社会现象，以其所涉及的各项要素的有机整体为依托，以旅游者活动和旅游产业活动在旅游运作过程中的内在矛盾为核心对象，全面研究旅游的本质属性、运行关系、内外条件、社会影响和发生发展规律的新兴学科。

旅游学是旅游规划设计的基础理论之一，首先，旅游学通过研究人类的旅游活动，探究旅游活动三要素（旅游主体、旅游客体、旅游媒介）及其相互关系，帮助旅游规划设计者更加准确地把握旅游市场需求；其次，通过探讨旅游现象的历史演进，总结旅游发展的基本规律帮助旅游规划设计者更好地了解和认识旅游发展规律，合理地规划设计旅游产业发展模式，进一步发展旅游生产力；最后，通过揭示旅游活动和旅游业的构成要素以及它们之间的关系，分析旅游活动对社会、经济、环境的影响，促进旅游可持续发展。因此，旅游学专业人才在旅游学概论、旅游公共关系、旅游心理学、旅游文化、旅游经济学、市场营销学、生态学、地理学、旅行社经营管理、饭店经营管理、旅游景点景区管理、旅游资源开发与利用等方面的专业教育对于旅游规划设计具有重要的实际意义，从这个角度讲，旅游学人才是旅游规划设计不可或缺的专业人才。一般来说，旅游学专业人才约占旅游规划设计机构旅游规划设计人员总数的四分之一③。

---

① 旅游规划通则。
② 由于旅游规划早期是从人文地理学、城市规划学、景观设计学三支专业背景的专家开始进行实践，之后才派生出旅游管理专业，但这三个专业的人员至今依然是旅游规划编制部门的核心队伍。
③ 因此，从另一方面讲，旅游规划设计机构也成为旅游学科毕业生就业的重要方向。

(二) 地理学

地理学是研究地球表层自然要素与人文要素相互作用及其形成演化的特征、结构、格局、过程、地域分异与人地关系等的学科体系。在我国,地理学也是旅游规划设计工作最为重要的专业支撑之一[①]。地理学涉及旅游的研究主要包括旅游的起因及其地理背景;旅游者的地域分布和移动规律(旅游者时空分布);旅游资源的分类、评价、保护和开发利用论证;旅游区(点)布局和建设规划;旅游区划和旅游线路设计;旅游业发展对地域经济综合体形成的影响;旅游业对区内环境的影响等。因此,地理学专业人才在旅游资源调查与评价、旅游区域空间规划、旅游环境容量、旅游线路设计、旅游景区解说系统等方面都发挥着不可替代的作用,是目前旅游规划设计机构旅游规划设计规划编制人员的主力之一。

(三) 城市规划

城市规划是为了实现一定时期内城市的经济和社会发展目标,确定城市性质、规模和发展方向,合理利用城市土地,协调城市空间布局和各项建设所作的综合部署和具体安排。城市规划与旅游规划设计有着密不可分的关系。一方面,城市是重要的旅游接待地,几乎所有的城市都承担着一定区域的旅游接待地功能[②]。另一方面,城市也是重要的客源地,是旅游产业发展的中心地。因此,无论是城市规划中涉及的旅游规划还是城市旅游发展的专项规划,旅游规划设计与城市规划设计始终需要紧密结合[③]。

---

① 早期由于多数旅游规划设计为旅游资源的开发,因此旅游资源的评价成为规划设计最重要的工作,而地理学科尤其是自然地理和人文地理在资源评价方面有先天的优势条件,因此易于获得旅游规划设计项目。
② 市域内的许多城镇,为在市域范围内的旅游活动充当着短暂停留地、休憩地、中转地、景区接待地等角色,为游客提供旅游途中的一些基本生活与接待服务。尤其是城市对外、对内的交通体系维系着旅游业的生存。
③ 与过去20年的实践相比,旅游规划项目种类、规模和工作深度均已大大扩展。例如,在许多城市发展规划中,旅游发展规划已从总体规划中的专项规划中分离出来,成为一项相对独立的规划;又如近年兴起的城市绿地系统规划、城市景观风貌规划、滨水区规划设计、街道景观设计、城市广场规划设计、交通道路景观规划设计、旅游度假区规划设计等,这些项目都在不同规模层面上与旅游规划相互交织。

就旅游规划设计而言，城市规划专业的意义在于：首先，在城市旅游发展规划中涉及到城市设计、城市改造等内容；其次，城市或旅游区的形象（总体形象、出入口的门景、标志性建筑、植物的种植与配置）、滨水地带（滨海、滨江、滨湖）景观（岸线绿化以及滨海、滨湖、滨江大道建设）、节庆活动场所、商展与会议中心、休闲设施、文艺与体育场馆、特色街区（民族文化街、饮食街、旅游商品街、休闲步行街）等与旅游密切相关的设施的布局、规划、设计与建设都涉及城市规划的内容①。因此，城市规划专业人员在旅游规划设计项目生产中多以规划师、工程师的角色承担风景名胜区、旅游度假区、历史文化名城、温泉、酒店、主题公园等资源类型的控制性详细规划、修建性详细规划、景观设计、建筑设计等任务。

（四）景观设计

景观设计是在建筑设计或规划设计的过程中，对周围环境要素的整体考虑和设计（包括自然要素和人工要素），使得建筑（群）与自然环境产生呼应关系，使其使用更方便、更舒适，提高其整体的艺术价值。景观设计专业对于旅游规划设计的意义在于：首先，宏观旅游环境规划，包括对土地的使用和对自然地貌的保护以及对其美学和功能上的改善强化。其次，通过美学感受和功能分析的途径，完成对各类旅游建筑物和道路交通的选址、营造及布局。最后，微观旅游环境氛围营造，包括对风景区内自然步道和人行系统、植物配置、小品、解说系统、照明、地形平整改造等进行设计。因此，景观设计专业人才在旅游规划设计工作中主要承担旅游景观设计、旅游规划设计制图等方面的工作。

（五）建筑设计

建筑设计是指建筑物在建造之前，设计者按照建设任务，把施工过程和使用过程中存在的或可能发生的问题，事先作好通盘的设想，拟订好解决这些问题的办法、方案，用图纸和文件表达出来。旅游建筑设计的意义在于：首先，通过建筑设计使

---

① 发展城市旅游一方面需要建设相应的交通、通信、公共厕所等旅游基础保障设施，另一方面也要建设城市公园、休闲绿地、咨询服务集散中心、旅游标识系统等。

得旅游规划设计的相关理念能够实施落地；其次，旅游景区内的物质环境得到规划设计，并使建成的建筑物充分满足旅游者和社会所期望的各种要求。因此，建筑设计专业人才在旅游规划设计工作中主要承担旅游建筑设计、旅游规划设计制图等方面的工作。

（六）经济学

旅游经济学是围绕着旅游经济部门中特有的矛盾运动而展开的研究。主要研究内容包括了旅游产品的开发与供给、旅游产品的市场开拓及销售、旅游产品的消费特征、经济与效益、旅游经济结构与旅游经济发展战略等。在旅游规划设计实践中，旅游市场营销、旅游产业要素配置、旅游经济效益估算等方面的工作都离不开旅游经济学的技术支持。

（七）生态学

生态学是研究生物体与其周围环境（包括非生物环境和生物环境）相互关系的科学。生态学理论的目标是调整人与自然、资源以及环境的关系，协调社会经济发展和生态环境的关系，促进可持续发展。生态观指导下的旅游规划设计是当前旅游规划设计发展的一个趋势[①]。生态学对于旅游规划设计的意义在于：首先，生态学指导下的旅游规划方法以保护生态为目的，生态效益重于环境效益，并力求在二者间寻找一个平衡点。开发与保护并重，以开发促进保护的力度，以保护来提升开发的可持续性，其规划的最终目的在于构建一个全方位的生态景区，人与人之间、人与自然之间和谐相处。其次，生态学指导下的规划方法注重生态化规划手段的运用，在分析资源时也采用绿色指标，严格以生态化的规划目的为依据，开发工具的使用以不破坏资源为前提，有利于旅游可持续发展。再次，生态学指导下的旅游规划方

---

① 生态学指导下的旅游规划是旅游规划发展的高级阶段，是涉及旅游者的旅游活动与其环境间相互关系的规划，是在调查研究的基础上，根据旅游规划理论与生态学、环境学、生态伦理学等的观点，将旅游者的旅游活动和环境特性有机结合起来，通过对未来旅游发展状况的构想与安排，进行生态旅游活动在空间环境上的合理布局，寻求旅游业对环境保护和人类福利的最优贡献，保持旅游业永续、健康的发展与经营。

法严格遵循"生态观"原则，认真分析生态规划的特性，提出了一整套概念体系，明确了生态规划的本质，其提出的方法体系也有助于旅游生态规划的具体实施。最后，与一般旅游规划设计相比，生态学指导下的旅游规划设计强调适宜的利润和回报，但最强调维护环境资源的价值；它不去满足旅游者的所有要求，而是有选择地满足；它不仅考虑当前旅游活动的规模、效益，而且还为未来的旅游发展指明方向，留出空间。因此，生态学理论对于旅游规划设计具有十分重要的实际意义，也使得生态学专业人才成为旅游规划设计团队的重要组成部分。通常，生态学专业人才在旅游规划设计项目中以规划师的角色负责生态旅游规划设计、环境保护等方面的工作。

（八）社会学

社会学使用各种研究方法进行实证调查和批判分析，以发展及完善一套有关人类社会结构及活动的知识体系，并以运用这些知识去寻求或改善社会福利为目标。社会学的研究范围广泛，包括了微观层级的社会行动或人际互动至宏观层级的社会系统或结构。社会学也为旅游规划设计提供了强大的理论支持。除了社会学的调研方法被灵活地运用于旅游规划各类调研外[①]，社会学为旅游规划设计的编制者提供了一个人本主义的规划设计哲学——旅游规划设计时要充分考虑、协调旅游者、旅游地居民、旅游开发商以及旅游地相关团体利益。社会学家着力探讨的保护旅游目的地文化和生活方式的旅游规划产品和旅游方式等也成为旅游规划设计保障可持续发展的重要内容。

（九）其他学科

随着旅游规划设计需求的多元化趋势，专业人员的构成队伍也出现多元化趋势，仅有以上几个专业背景的人员远远不能满足旅游规划的需求。目前，除了旅游策划师、城市规划师、景观设计师、建筑设计师外，有金融学、工程学、房地产学、心理学、市场营销等专业背景的人员逐渐参与到旅游规划行业中，担当房地产策划师、

---

① 如实地调查（田野调查）、参与式观察、访谈等方法。

营销策划师、工程咨询师、造价师、投资分析师等角色[1]。

三、运营结构

（一）员工晋升机制

就旅游规划设计机构来说，一个项目的顺利进行是责权明确、协调配合、着力完成的结果。因此，旅游规划设计机构为保证机构正常运转，要有相应的人员岗位配置，当然也要有相对应的晋升提拔制度。虽然不同的旅游规划设计机构在人员配置岗位名称上有所不同，但是就人员的职责和工作范畴来说，基本可以分为：规划编制人员、项目负责人、部门负责人、企业合伙人四类。

1. 规划编制人员

规划编制人员按照工作内容的不同分为规划师、策划师、景观设计师、建筑设计师、投融资分析师等。旅游规划设计机构对规划编制人员的基本要求是：具有较高的专业素养、对旅游规划设计有自己的判断和思考、能够较好地配合项目组其他成员工作、服从项目负责人的工作安排。经过一段时间的学习提高和项目经验积累后，规划编制人员通过机构组织的相关考核即可提拔晋升为项目负责人[2]。

2. 项目负责人

项目负责人是一个规划编制团队的核心力量，其主要职责是针对不同项目，负责项目编制团队的组建、项目工作计划的制订、项目质量和进度的把控、与甲方进行有效沟通等。项目负责人除了要具备深厚的专业素养外，还要具备项目管理的基本技能和知识、有良好的沟通和表达能力、有完成项目思路把控的能力以及良好的

---

[1] 旅游规划编制人员涉及到的专业类型已有二十余个。
[2] 即项目经理。

成本控制和规避风险的意识。一般来说，项目负责人可能同时带领多个团队开展不同的旅游规划设计项目工作。

3. 部门负责人

部门负责人并不直接参与项目的具体操作过程，他承担的主要职责是对项目进行严格把控，完成部门的生产额、制订部门发展计划，其中包括部门人员配置计划、生产计划、发展计划、人员学习培训等，同时还要配合公司进行业务的拓展。因此，部门负责人除了要具有把控项目的专业知识外，还要求有更高的业务能力、沟通能力和管理能力。

4. 企业合伙人

合伙人通常是指以其资产（或其他）进行合伙投资，参与合伙经营，依协议享受权利，承担义务，并对企业债务承担无限（或有限）责任的自然人或法人。在个人合伙中，合伙人可以拿资金、实物、技术、技术性劳务等，作为合伙的投资[①]。在旅游规划设计机构中，除机构原始股东外，对机构各项业务开展有重要影响的员工，可以技术入股或资金入股作为机构的合伙人。一般来说，各类旅游规划设计机构中所谓的合伙人分为实质性合伙人和名义性合伙人，实质性合伙人参与机构的重大管理决策，作为机构的股东分享收益和承担相应的责任，而名义性合伙人仅参与机构的部分管理决策。

（二）收益分配机制

收益分配机制是旅游规划设计机构项目收益的分配方式，是机构运营的核心。就目前我国旅游规划设计机构的现状来看，事业单位和企业的收益分配机制存在很大不同。

1. 事业单位

由于机构性质，高校、科研单位等事业单位开展的旅游规划设计项目收益一般

---

① 作为合伙企业的投资人，合伙人在企业享有权利，也负有义务。

不能进行利润分红。因此，大多数旅游规划设计事业单位的收益以旅游规划设计项目生产成本的名义进行分配使用，经费使用主要包括四个方面：

（1）旅游规划设计机构的运营成本，包括办公场地费用、办公设备费用、税务、水电费等。

（2）机构的相关科学研究的经费，包括各类与本次规划设计有关的科学研究发生的相关费用。

（3）劳务费用，包括机构参与旅游规划设计项目人员的劳务费用、机构外聘人员的工资[①]等。

（4）其他费用，如旅游规划设计项目中部分外包给其他机构的编制费用。

2. 企业

旅游规划设计企业的旅游规划设计项目收益一般分为项目成本、企业利润。其中，项目成本包括基本运营成本[②]和员工工资。在实际操作中，旅游规划设计企业的收益分配机制基本可以分为三种模式。

（1）整体分包式

整体分包式，即在一个旅游规划设计项目中，企业将企业本身的运营成本、项目市场拓展、机构利润等相关费用剔除后，将旅游规划设计项目按一定项目费用比例分包给内部规划编制团队，由内部规划编制团队自行负责项目运营成本和利润分配的模式。整体分包式的优点是旅游规划设计的利益分配较为透明，企业、规划编制团队及个人的责权利明确，有利于提高各方面积极性，保障项目高效开展，适合旅游规划设计项目量大、企业员工较多的大型旅游规划设计企业。

（2）劳务分包式

与整体分包式不同，劳务分包式是企业将旅游规划设计项目分包给内部规划编制团队进行编制，规划编制团队仅负责旅游规划设计的编制工作并收取编制费用，项目运作成本均由旅游规划设计企业承担的收益分配方式。劳务分包式的优点是旅游规划设计的责权利明确，有利于提高各方面积极性，目前我国大多数旅游规划设

---

① 外聘人员不仅包括本次规划设计项目外聘专家、规划编制人员等，还包括其他方面的人员，如机构的保洁、安保人员等未获得机构正式事业编制的临时聘用人员。

② 包括办公场地费用、办公设备费用、各类税收、水电费、差旅费、打印费等。

计企业采用劳务分包式的收益分配方式。

（3）整体运作式

整体运作式，即旅游规划设计企业不进行旅游规划设计项目的内部分包，而是企业整体负责旅游规划设计编制工作，各类成本和利润均统一由企业负责和安排，参与规划设计的编制人员一般采用年薪制，不针对单个项目进行收益分配。整体运作式的收益分配方式适合旅游规划设计项目不多、企业员工较少的中小型旅游规划设计企业。

四、资质条件

（一）旅游规划设计资质

旅游规划设计资质单位认证是我国目前唯一关于旅游规划设计机构的认证体系[1]，是旅游规划设计机构专业能力的重要标志。只有获得旅游规划设计相关资质的机构才能较好地开展相关业务，如编制各级旅游发展规划，包括全国旅游发展规划、区域旅游发展规划、地方各级旅游发展规划；编制各类旅游专项规划，包括旅游景区规划、景观设计、活动策划、营销策划、资源开发方案等；提供与旅游规划设计相关的其他服务等。

1. 资质等级分类

根据《旅游规划设计单位资质等级认定管理办法》[2]，我国旅游规划设计资质等级分为甲、乙、丙三级[3]：

（1）甲级资质：旅游规划设计资质的最高等级，一般来说，甲级旅游规划设

---

[1] 由国家和地方旅游行业主管部门进行认定。
[2] 国家旅游局令第24号，2005年8月5日。
[3] 一般来说，等级越高说明旅游规划设计机构相关业务经验越丰富，人员配备越充足，市场知名度也越高。

资质单位可以承接国家级、省级的旅游规划设计项目。

（2）乙级资质：乙级旅游规划设计资质单位可以承接省级、市县级的区域旅游规划设计项目。

（3）丙级资质：丙级旅游规划设计资质单位可以承接省内、地县级的旅游规划设计项目。

2. 资质等级的申请条件

（1）甲级资质：获得乙级资质一年以上，且从事旅游规划设计三年以上；规划设计机构为企业法人的，其注册资金不少于100万元人民币；规划设计机构为非企业法人的，其开办资金不少于100万元人民币；具备旅游经济、市场营销、文化历史、资源与环境、城市规划、建筑设计等方面的专职规划设计人员，其中至少有五名从业经历不低于三年；完成过省级以上（含省级）旅游发展规划，或至少完成过五个具有影响的其他旅游规划设计项目；项目委托方对其成果和信誉普遍评价优秀。

（2）乙级资质：从事旅游规划设计一年以上；规划设计机构为企业法人的，其注册资金不少于50万元人民币；规划设计机构为非企业法人的，其开办资金不少于50万元人民币；具备旅游经济、市场营销、文化历史、资源与环境、城市规划、建筑设计等方面的专职规划设计人员，其中至少有三名从业经历不低于三年；至少完成过三个具有影响的旅游规划设计项目；项目委托方对其成果和信誉普遍评价良好。

（3）丙级资质：从事旅游规划设计一年以上；规划设计机构为企业法人的，其注册资金不少于10万元人民币；规划设计机构为非企业法人的，其开办资金不少于10万元人民币；具备旅游经济、市场营销、文化历史、资源与环境、城市规划、建筑设计等方面的专职规划设计人员，其中至少有一名从业经历不低于三年；至少完成过一个具有影响的旅游规划设计项目；项目委托方对其成果和信誉普遍评价好。

3. 资质等级的申报流程

国家旅游局组织设立全国旅游规划设计单位资质等级认定委员会，负责全国旅游规划设计单位资质等级认定工作的组织和管理。各省级旅游行政管理部门组织设立省级旅游规划设计单位资质等级认定委员会，并报全国旅游规划设计单位资质等级认定委员会备案。省级旅游规划设计单位资质等级认定委员会根据全国旅游规划设计单位资质等级认定委员会的委托,负责本辖区内的旅游规划设计单位资质等级认定工作的组织和管理。

其中,全国旅游规划设计单位资质等级认定委员会负责甲级和乙级资质的认定和复核;根据资质等级认定需要,对甲级和乙级资质单位的旅游规划设计成果进行评价。各省级旅游规划设计单位资质等级认定委员会负责本地区丙级资质单位的认定和复核;负责向全国旅游规划设计资质等级认定委员会推荐本地区符合条件的甲级和乙级资质单位,并协助全国旅游规划设计单位资质等级认定委员会对本地区甲级和乙级资质单位进行成果评价。

申请甲级、乙级资质的旅游规划设计单位,须向所在地省级旅游规划设计单位资质等级认定委员会提出申请,由该委员会初审通过后,向全国旅游规划设计单位资质等级认定委员会推荐申报。丙级资质旅游规划设计单位由省级旅游规划设计单位资质认定委员会直接认定,并报全国旅游规划设计单位资质等级认定委员会备案。

(二)其他相关资质

除了旅游规划设计资质外,为保证旅游规划设计相关工作的顺利开展和综合性业务的开展,旅游规划设计机构还应努力争取相关的其他规划设计资质,具体包括:

1. 城乡规划编制资质

由住房和城乡建设主管部门管理,涉及从事城市规划编制业务,包括城镇总体规划编制和修订;城镇的详细规划的编制;城镇各种专项规划的编制;中、小型建设工程项目规划选址的可行性研究。

2. 风景园林设计资质

由住房和城乡建设主管部门管理,涉及承担城市绿地、公园、风景名胜区等各类园林景观规划设计、提供园林景观技术咨询和服务等业务。

3. 建筑工程设计资质

由住房和城乡建设主管部门管理,涉及建筑用地红线范围内的室外工程设计、建筑物构筑物设计、结合城市建设与民用建筑修建的地下工程设计及住宅小区、工厂厂前区、工厂生活区设计以及上述建筑工程所包含的所有相关专业的设计内容，如总平面布置、竖向设计、各类管网管线设计、园林绿化设计、室内外环境设计与装修、动力、煤气、道路、消防、保安、通信、防雷、建筑智能化设施等设计内容。

4. 工程咨询资格

由国家发展与改革委员会管理，涉及各类工程的规划咨询、编制项目建议书、编制项目可行性研究报告、项目申请报告、资金申请报告、评估咨询、工程设计、工程项目管理（全过程策划和准备阶段管理）等。

第三章 旅游规划设计项目的成果体系

一、旅游规划设计成果体系的层次和类型

按照旅游产业的发展特点，旅游规划设计成果体系涉及的内容既包括区域旅游产业发展的顶层设计（制度安排、产业定位）、发展目标、产业布局、市场营销等，也包含具体各种类型景区景点的产品开发、设施建设和运营管理实施等方面的规划设计，因此，旅游规划设计成果针对解决问题的不同在规划性质、规划目标、规划内容、规划时限等方面有所不同。

国家旅游局颁布的《旅游规划通则》（GB/T 18971—2003）将旅游规划分为旅游发展规划和旅游区规划。其中，旅游发展规划根据规划的范围和政府管理层次分为全国旅游业发展规划、区域旅游业发展规划和地方旅游业发展规划。旅游区规划按照规划层次分为总体规划、控制性详细规划、修建性详细规划等。

除此之外，针对市场需求，旅游规划设计还包括旅游专项规划设计，即指针对旅游地或旅游区特定课题的研究和规划安排。根据实际需要，可编制的专项旅游规划一般包括：旅游区概念性规划、旅游项目策划、旅游服务设施规划设计、旅游活动策划、旅游投融资规划、旅游营销策划（或规划）、旅游项目可行性研究等。

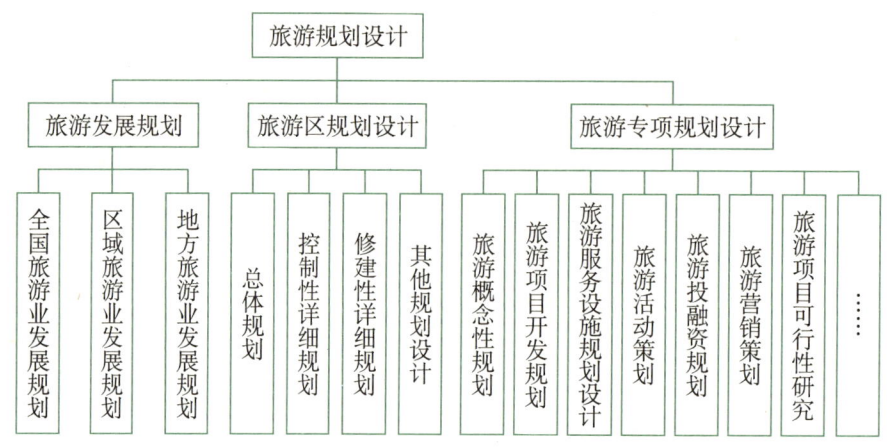

图 3-1　旅游规划体系示意图

二、旅游规划设计成果体系的内容

（一）旅游发展规划

1. 规划性质

旅游发展规划是根据旅游业的历史、现状和市场要素的变化所制定的目标体系，以及为了实现目标体系在特定的发展条件下对旅游发展的要素所做的安排，是针对区域旅游产业的发展目标、发展模式、产业布局、产品定位、市场开发等方面进行的顶层设计，是区域旅游发展的纲领性规划类型。旅游发展规划根据规划的范围和政府管理层次可以分为全国旅游业发展规划、区域旅游业发展规划和地方旅游业发展规划。其中，地方旅游业发展规划又可分为省级旅游业发展规划、地市级旅游业发展规划和县级旅游业发展规划等。

一般来说，区域旅游发展规划由各级政府相关部门依据上一级旅游业发展规划、并结合本地区的实际情况进行编制。旅游发展规划包括近期发展规划（3～5年）、中期发展规划（5～10年）或远期发展规划（10～20年）。

2. 主要任务

旅游发展规划主要任务是明确旅游业在国民经济和社会发展中的地位与作用，提出旅游业发展目标，优化旅游业发展的要素结构与空间布局，安排旅游业发展优先项目，促进旅游业持续、健康、稳定发展。

3. 规划内容

旅游发展规划的主要内容包括以下几个方面：

（1）背景分析：全面分析规划区旅游业发展历史与现状、优势与制约因素以及与相关规划的衔接。

（2）市场分析：分析规划区的客源市场需求总量、地域结构、消费结构及其他结构，预测规划期内客源市场需求总量、地域结构、消费结构及其他结构。

（3）明确目标：提出规划区的旅游主题形象和发展战略；提出旅游业发展目标及其依据；明确旅游产品开发的方向、特色与主要内容。

（4）空间格局：提出要素结构、空间布局及供给要素的原则和办法。

（5）重点项目：提出旅游发展重点项目，对其空间及时序做出安排。

（6）实施保障：提出规划实施的保障措施；按照可持续发展原则，注重保护开发利用的关系，提出合理的措施。

（7）建设分期与投入产出分析：对规划实施的总体投资分析，主要包括旅游设施建设、配套基础设施建设、旅游市场开发、人力资源开发等方面的投入与产出方面的分析。

4. 成果形式及内容

旅游发展规划成果形式及内容包括：

（1）规划文本。

（2）规划图表：区位分析图、旅游资源分析图、旅游客源市场分析图、旅游业发展目标图表、旅游产业发展规划图等。

（3）附件：包括规划说明、基础资料等。

链接 3-1

《××省××县旅游产业发展规划》

第一章　总论

一、区域概况及规划范围：区域概况、规划范围

二、规划期限

三、规划依据：相关旅游规范，相关编制文件

四、规划指导思想

第二章　××县旅游发展背景

一、旅游产业发展现状：旅游产业发展基础、旅游客源市场现状、产业发展存在的问题

二、旅游业发展面临的新形势：宏观趋势层面、区域发展层面、××县内部层面

三、旅游业的发展条件分析：区域产业结构、旅游资源特色

四、旅游业突破方向

第三章　××县旅游发展目标与发展战略

一、发展定位

二、发展目标：总目标任务、定性目标、定量目标

三、发展思路

四、实施路径

第四章　旅游产业体系建设

一、产品体系：观光旅游、民俗体验、出境旅游、养生度假、运动休闲

二、旅游服务要素：旅游交通、旅游住宿、旅行社、旅游餐饮、旅游购物、旅游娱乐

三、关联产业：休闲农业、旅游商品加工与制造、商务会议、边境贸易

第五章　旅游产业发展格局及重点项目建设

一、旅游产业发展格局

二、旅游重点建设项目

第六章　旅游形象定位与市场营销

一、旅游形象定位

二、旅游市场定位及细分：旅游市场定位、市场细分

三、市场营销目标

四、市场营销战略：品牌先导战略、区域联合战略、差异化营销战略

五、市场营销举措：目的地形象塑造、旅游市场拓展

第七章　旅游产业发展保障

一、政策保障

二、组织保障

三、资金保障

四、人才保障

五、资源环境保障

第八章　旅游公共服务体系

一、城市景观工程

二、旅游标识解说系统

> 三、自驾车营地及露营地体系
>
> 四、旅游厕所系统
>
> 五、旅游信息工程
>
> 第九章 分期行动计划
>
> 一、分期行动计划：工作主题、近期工作计划
>
> 二、规划及技术规范编制工作计划

（二）旅游区规划设计

旅游区规划是指为了保护、开发、利用和经营管理旅游区，使其发挥多种功能和作用而进行的各项旅游要素的统筹部署和具体安排。旅游区规划根据规划层次分为总体规划、控制性详细规划、修建性详细规划。

1. 旅游区总体规划

（1）规划性质

根据《旅游规划通则》，旅游区在开发、建设之前，应当编制总体规划。旅游区总体规划的任务是分析旅游区客源市场，确定旅游区的主题形象，划定旅游区的用地范围及空间布局，安排旅游区基础设施建设内容，提出开发措施。旅游区总体规划的期限一般为10～20年，同时可根据需要对旅游区的远景发展做出轮廓性的规划安排。对于旅游区近期的发展布局和主要建设项目，亦应做出近期规划，期限一般为3～5年。

（2）规划内容

①背景分析：包括市场分析（对旅游区的客源市场的需求总量、地域结构、消费结构等进行全面分析与预测）；资源调查和评价（界定旅游区范围，进行现状调查和分析，对旅游资源进行科学评价）。

②确定目标：包括确定旅游区的发展目标、性质和主题形象。

③空间布局和功能分区：确定规划旅游区的功能分区和土地利用，提出规划期内的旅游容量。

④设施规划：规划对外交通系统的布局和主要交通设施的规模、位置；规划旅

游区内部的其他道路系统的走向、断面和交叉形式;规划景观系统和绿地系统的总体布局;规划其他基础设施、服务设施和附属设施的总体布局。

⑤保障措施:包括防灾系统和安全系统的总体布局;研究并确定旅游区资源的保护范围和保护措施;规划旅游区的环境卫生系统布局;提出防止和治理污染的措施。

⑥重点项目:提出旅游区近期建设规划,进行重点项目策划。

⑦建设分期与运营管理:提出总体规划的实施步骤、措施和方法以及规划、建设、运营中的管理意见。

⑧投入产出分析:对旅游区开发建设进行总体投资分析。

(3)成果形式和内容

旅游区总体规划的成果要求包括:

①规划文本。

②图件[①]:包括旅游区区位图、综合现状图、旅游市场分析图、旅游资源评价图、总体规划图、道路交通规划图、功能分区图、近期建设规划图等。

③附件:包括规划说明、其他基础资料等。

2. 旅游区控制性详细规划

(1)规划性质

在完成旅游区总体规划后,为了指导旅游区近期建设,需要编制旅游区控制性详细规划。旅游区控制性详细规划的任务是,以总体规划为依据,详细规定区内建设用地的各项控制指标和其他规划管理要求,为旅游区内一切开发建设活动提供指导。

(2)规划内容

①确定范围:详细划定规划范围内各类不同性质用地的界线。

②场地分析:规定各类用地内适建、不适建或者有条件地允许建设的建筑类型。

③功能分区与控制指标:规划分地块,规定建筑高度、建筑密度、容积率、绿地率等控制指标,并根据各类用地的性质增加其他必要的控制指标。其中指标分为基本控制指标和指导性指标。

---

① 图纸比例可以根据功能需求确定。

基本控制指标包括：用地性质、用地面积、建筑密度、建筑高度（建筑控制高度）、容积率、绿地率、建筑后退红线、出入口位置、公共服务设置配套要求、配建停车车位。

指导性指标包括：建筑形式（包括体量控制）、建筑色彩（指导性控制）、公共绿地面积、最大建筑宽面（建筑物临街一面的最大宽度控制）、最小建筑面宽（建筑物临街一面的最小宽度控制）、保护要求（对古建筑或古遗址的保护）、环境景观要求、环境要求、人防要求。

④交通规划：规定交通出入口方位、停车泊位、建筑后退红线、建筑间距等要求；确定各级道路的红线位置、控制点坐标和标高。

⑤建筑控制：提出对各地块的建筑体量、尺度、色彩、风格等要求。

⑥服务设施规划：包括游客中心、标识牌、电力、通信、给排水等。

⑦环卫系统规划：旅游区的环境卫生系统设计（垃圾处理、污水处理等），部署防止污染和治理污染的措施。

⑧投入产出分析：对旅游区开发建设进行投资分析。

（3）成果形式及内容

旅游区控制性详细规划的主要成果包括：

①规划文本。

②规划图件[①]：包括规划区位置图、规划区用地现状图、功能分区图、道路交通规划图、各项工程管线规划图、控制性规划图等。

③附件：一般包括规划说明和基础资料。

3. 旅游区修建性详细规划

（1）规划性质

对于旅游区当前要建设的地段，应编制修建性详细规划。旅游区修建性详细规划的任务是在总体规划或控制性详细规划的基础上，进一步深化和细化，用以指导各项建筑和工程设施的设计和施工。

（2）规划内容

①综合分析：综合现状与建设条件分析。

---

① 图纸比例一般为 1/1000～1/2000。

②用地布局。

③景观系统规划设计。

④道路交通系统规划设计。

⑤绿地系统规划设计。

⑥旅游服务设施及附属设施系统规划设计。

⑦工程管线系统规划设计。

⑧竖向规划设计。

⑨环境保护和环境卫生系统规划设计。

（3）成果形式及内容

旅游区修建性详细规划的成果包括：

①规划设计说明书。

②图件[①]：区位图、综合现状图、规划总平面图、道路交通规划图、绿地系统规划图、竖向规划图、单项或综合工程管网规划图、鸟瞰或透视等效果图。

（三）旅游专项规划设计

旅游区可根据实际需要编制功能性专项规划。就目前旅游规划设计单位所承接的专项旅游规划来看，主要包括旅游区概念性规划、旅游项目策划、旅游服务设施规划设计（如景区大门、游客中心设计）、旅游活动策划、旅游投融资规划、市场营销策划、项目可行性研究等。

1. 概念性规划

（1）规划性质

概念性规划[②]是在发展规划和建设规划之前的一种战略性规划，是对旅游宏观发展思路的探讨和研究。概念性规划作为一种规划设计的思维方法，强调发展思路的创新性、前瞻性和指导性，使规划成为纲领性、战略性的文件，指导和协调旅游

---

① 图纸比例一般为 1/500～1/2000。
② 概念性规划与策划的关系十分紧密，有区别也有相似性。对于不同的旅游项目来说，要做策划还是概念性规划取决于甲方的实际需求。不少规划单位在和甲方商谈阶段都会建议将策划和概念性规划合二为一进行签订。

区的发展和建设。

（2）规划内容

概念性规划没有明确的编制标准，规划内容根据要解决的问题具有较大的灵活性和更大的发挥空间，且不需要经过上一级旅游行政主管部门组织进行评审。一般来说，概念性规划的规划内容包括对规划区域旅游资源和客源市场进行分析和预测，确定规划区的定位、发展方向和发展战略，明确旅游产品的开发方向、特色和主要内容。提出规划区旅游发展的重点项目，强调策划的创新、个性和特色，提出相关要素发展的原则和方法等，从而在宏观层面上对规划区的旅游发展勾勒理想蓝图。具体如下：

①界定范围，进行现状调查和分析，对各类旅游资源进行科学评价。

②对项目的客源市场的需求总量、地域结构、消费结构等进行全面分析与预测。

③定位分析，国内外案例借鉴研究。

④确定规划区域的性质和主题定位。

⑤确定规划区域的功能分区和土地利用，提出规划期内的旅游容量。

⑥旅游产品策划。

⑦对外交通系统的布局以及内部道路系统和游线系统布局。

⑧以资金投入为基础，按照业务顺序与结构板块，形成投融资分析计划。

2. 旅游项目策划

（1）规划性质

旅游策划属于策划的一种，是依据旅游市场的现实需求和潜在需求，并结合旅游地的资源优势，对该旅游地的旅游项目进行定向、定位的过程，也就是对旅游产品的研制、发展、优化的过程。旅游策划的基本任务是针对明确而具体的目标，通过创造性的设计，提炼出游憩方式、产品内容、主题品牌、商业模式，从而全面提升或延续传统产品的生命力，或提供有效的营销促销方案，使旅游地获得良好的经济效益和社会效益。

（2）规划内容

就旅游策划本身来说，可以分为全案策划或者专项策划。全案策划是在规划之前，对资源、市场和产业环境进行深度分析，确立核心吸引物并明确市场定位，打造具有吸引力的产品形态，最后落实营销和一系列相关的行动计划；专项策划是在规划之后，针对营销、招商、融资、旅游节庆、开发经营等方面进行的专项策划。就全案策划的规划内容来看，具体包括以下几个方面：

①资源分析：梳理旅游地各类旅游资源、周边环境及其他相关资源，进行定性的资源分析；对全国及周边区域相似的资源进行比较分析，形成资源评价报告。

②市场研究：收集相关市场资料，形成市场调查报告，分析市场需求，结合资源评价报告，提出项目精确的市场定位与市场目标。

③定位分析：通过SWOT分析，对项目区域的发展方向进行定位，通过系统整合，形成系统定位，包括主题定位、发展目标定位、功能定位、运营战略定位等。

④功能布局：按照旅游六要素，进行生产力要素配置与布局，进行游憩功能结构策划与空间布局策划。

⑤游憩方式策划：策划整个系统的综合游憩模式，并按照观赏方式与观赏线路进行游乐内容策划、故事编撰与场景布置策划、体验模式策划、特色餐饮策划、特色住宿策划，形成游程游线结构；落实"吃住行游购娱"六要素的具体互补镶嵌系统结构，由此形成具体的产品概念性策划。

⑥景观概念策划：策划标志性建筑与风格规范要求，策划植物造景、园林景观、功能建筑。

⑦商业模式策划：卖点策划与分析、收入点设置、收入结构策划、营销模式策划、品牌策划、营销渠道策划、促销思路策划、管理模式策划、人力资源开发策划、投资预估、财务预测、投资分期策划、融资策划、开发流程策划、杠杆运用策划、商业模式整合等。

⑧运营实施计划：对项目投资运作进行目标任务分项的计划，以资金投入为基础，按照业务顺序与结构板块，形成具体的工作计划。

（3）成果形式及内容

策划成果包括：

①策划文本。

②图件[①]：区位分析图、市场分析图、现状分析图、功能分区图、项目布局示意图、道路交通与游线安排示意图、游憩方式与重点项目示意图、标志性景观及风格控制示意图、重要节点景观示意图。

---

① 旅游策划成果没有明确的标准，对图件方面没有具体要求，其图件成果体系可根据实际需求而定。

3. 旅游服务设施规划设计

（1）规划性质

旅游服务设施是景区的有机组成部分，具体分为旅行、游览、饮食、购物、娱乐、保健等功能性设施。旅游服务设施规划设计属于专项规划中的一种，服务设施是直接为游客服务的，服务设施配置的适当与否直接关系到游客旅游体验的好坏。因此，旅游服务设施配置应该遵循以下原则：

①旅游服务设施的配置应根据景区的特征、功能、规模及游客结构来确定，此外还应该考虑用地与环境等因素。

②旅游服务设施的配备应与需求相对应：既要满足游客多层次的需求，还要适应景区设施管理的要求；此外，还要考虑必要的弹性和利用系数，合理地配备相应类型、级别规模的游览服务设施。

③旅游服务设施布局应采取相对集中与适当分散相结合的原则，以方便游客，充分发挥设施效益，也便于经营和管理。

（2）规划内容

一般来说，旅游服务设施规划设计内容包括旅游区公共服务设施规划与设计、住宿服务规划与设计、餐饮服务规划与设计、购物服务规划与设计和娱乐服务规划与设计等。

①公共服务设施规划与设计：通过实地调查确定公共服务设施的功能、等级规模与空间布局，估算公共服务设施的建筑面积、用地规模，确定住宿服务设施的风格、特色、层高、色彩等建设规定，成果形成规划文本的一部分。

②住宿服务规划与设计：通过旅游市场调查来确定住宿服务设施的等级规模与空间布局，估算住宿设施的建筑面积、用地规模，确定住宿服务设施的风格、特色、内部设施与设备、服务质量等，成果形成规划文本的一部分。

③餐饮服务规划与设计：通过旅游市场调查确定餐饮服务设施的等级与空间布局，估算餐饮设施的建筑面积、用地规模，确定餐饮服务设施的风格、特色、卫生与管理服务标准等，总结成果形成规划文本。

④购物服务规划与设计：旅游商品开发与设计，旅游区商业店铺设计和空间布局，旅游管理与服务质量标准确定，总结成果形成规划文本。

⑤娱乐服务规划与设计：通过旅游市场调查确定娱乐项目的组合与空间布局，

估算娱乐设施的建筑面积、用地规模，确定娱乐设施的风格、特色与管理服务标准等，总结成果形成规划文本。

（3）规划成果

①规划设计文本。

②图件：各类规划图、设计效果图或示意图。

4. 旅游活动策划

（1）规划性质

旅游活动策划是指以某一目的地或节日为主题，通过对整个行程活动的时间安排和内容的设置，来达到对当地优势资源的有效整合和市场宣传或者获得经济资源收入目的的一种策划方案。

（2）规划内容

旅游活动策划是一种创新，这种创新包括概念上的、形式上的和内容上的。所以旅游活动策划并没有固定的模式可循，一般来说，主要包括活动背景介绍、活动主题、活动目标及目的、活动时间和地点、活动前期宣传方案、活动流程及内容、可行性或效果分析、活动注意事项、活动预算、活动赞助方式等内容。

①活动背景：包括活动场地所在区域历史沿革与发展现状、当地旅游业发展态势分析、介绍。

②活动主题及名称：确定活动主题、活动名称、活动规模及主办、承办、协办单位，提出主题口号以便进行前期宣传和推广。

③活动目的及重要意义：说明此次活动预计达到的效果，例如有效整合区域资源，扩大市场影响力，吸引人气，树立形象、创造品牌，带动景区或景区经济发展等。

④活动前期宣传方案：对活动的前期市场宣传和推广的受众、渠道、方式的确定。

⑤活动流程及内容：此次活动的主要流程及具体活动内容安排，例如启动仪式等，并说明活动举办的时间和主要场地。

⑥可行性或效果分析：活动的可实施性和预期效果的一个预估。

⑦活动注意事项：包括安全问题、资金问题、管理问题等。

⑧组织保障：各类组织运作的保障等。

⑨活动预算：活动举办成本的预估。

⑩活动赞助方式：针对活动主题和内容，挑选最合适的活动赞助方式。

5. 旅游投融资规划

旅游投融资规划是为旅游开发进行资本运作的机制设计，是旅游开发的重要内容。旅游投融资规划一般包括以下内容：

（1）投资市场划分：包括大型投资商、国际中小型投资商和国内中小投资商。

（2）融资途径建议：银行信贷、私募资本融资、整体项目融资、政策支持性融资、商业信用融资、租赁融资、产权融资、信托融资、国内上市融资和海外融资等途径。

（3）融资操作建议：包括项目包装与招商资料准备、招商渠道与政策、招商宣传和招商谈判与合作等。

6. 市场营销策划

旅游市场营销策划是为了完成旅游目的地营销目标，借助科学方法与创新思维，立足于现有营销状况，对旅游目的地未来的营销发展做出战略性的决策和指导，带有前瞻性、全局性、创新性、系统性。它要求决策者根据旅游市场环境变化和自身旅游资源状况做出相适应的规划，从而提高旅游产品销售，获取利润。旅游市场营销策划内容包括：

（1）项目背景分析：包括项目概要、项目背景和项目目标等。

（2）旅游资源概况与优劣势分析：包括资源概况和优劣势分析等。

（3）实施营销战略的品牌（形象）定位：如项目主题提炼、总体旅游形象定位、形象标识系统等。

（4）实施营销战略的市场（分析）定位：包括客源市场分析、目标市场的确立、市场营销的原则、实施市场营销的旅游资源整合和项目的市场通路策划等。

（5）实施营销战略的传播渠道（分析）组合：包括传播目标的确立、传播方式的组合、传播媒体的效果分析、传播用品的选择、传播实施的原则和传播实施的程序等。

（6）实施营销策划的战术（方案）设计：如国内旅游营销、国外旅游营销的策划等。

（7）营销战略全面实施的工作流程：人气指数工程、形象战术启动工程、文化活动导入工程和景观展示工程等。

（8）项目预算：电视媒体、广播电台、报刊、户外广告、网络和移动通信等。

(9)实施营销战略的保障体系。

(10)营销策划的效果预测及收益分析。

7. 项目可行性研究

可行性研究报告是从事一种经济活动（投资）之前，双方要从经济、技术、生产、供销直到社会各种环境、法律等各种因素进行具体调查、研究、分析，确定有利和不利的因素、项目是否可行，估计成功率大小、经济效益和社会效果程度，为决策者和主管机关审批的上报文件[①]。旅游项目的可行性研究报告是运用多种科学手段对一项旅游开发项目的必要性、可行性、合理性进行技术经济论证的综合科学。旅游项目的可行性研究报告内容主要包括：

(1)项目必要性与可行性。

(2)项目背景与建设条件。

(3)战略定位与开发思路。

(4)核心项目建设方案。

(5)配套服务设施体系。

(6)生态环境保护措施。

(7)组织机构与劳动定员。

(8)市场开发与运营管理。

(9)经济分析与评价。

(10)综合效益评析。

---

① 定义来自百度百科。

第四章　旅游规划设计项目的来源与合同

旅游规划设计项目的市场运营是针对规划设计业务开展的市场开拓活动。旅游规划市场运营是一切旅游规划设计工作开展的前提，也是保持旅游规划设计机构持续发展的重要保障和旅游规划机构开展旅游规划设计工作的前提之一。通过顺畅的旅游规划设计项目市场运营，旅游规划机构就能获得充足的业务，促进机构不断发展壮大；反之，旅游规划机构的经营就会出现危机。因此，旅游规划机构必须十分重视旅游规划设计项目的市场运营。

一、项目来源

目前，从旅游规划设计项目的来源来看，主要有政府主导型和企业主导型项目两类。

（一）政府主导型项目

政府主导型项目，即政府作为旅游规划设计委托方的项目。政府主导型项目的特点体现在以下几个方面：一是项目要求较为关注从政府行业管理职能进行旅游产业发展指导的顶层设计；二是项目要求有明确的旅游发展定位和目标，能够对区域旅游发展提供指导；三是项目要求成果项目和产品体系明晰，能够为政府的下一步工作提供强有力的指导；四是项目要求成果规范，能够满足上报审批的要求。

因此，政府主导型项目对于旅游规划设计机构的机构品牌、资质级别、团队构成、项目经验会有较高要求；对规划设计成果的内容要求有较高的规范性、创新性、前瞻性、灵活性、实现性[1]，以便可以实现项目的委托和落地，同时对于项目成果按照约定时间提交有较高的期望。

---

[1] 规范性就是按照旅游规划相关管理文件（如《旅游规划通则》）的要求进行相应的成果编制；创新性是指旅游规划设计项目成果要与时俱进，体现时代性，及时吸收各行各业新的理念和产品；前瞻性是指旅游规划设计项目成果要着眼未来，立意高远；灵活性是指在具体项目操作上可以根据实际进行调整；实现性是指旅游规划设计项目对规划区社会发展的实际意义。

(二)企业主导型项目

企业主导型项目,即企业作为规划设计委托方的项目。企业主导型项目的特点体现在以下几个方面:一是项目的目的明确;二是项目要求具有很高的时效性;三是较为关注真实的投入产出分析;四是要求项目成果具有较强的可操作性。

因此,企业主导型项目对于旅游规划设计机构的品牌知名度、性价比以及团队的专业性有较高要求。与政府主导型项目相比,企业主导型项目对机构旅游规划设计的资质等级关注不多,但是较为关注机构的类似项目经验。同时,企业主导型项目对规划设计成果的规范性要求不高,但在灵活性[①]以及项目的可操作性方面有较高要求。

二、项目委托形式

旅游规划设计的委托形式是旅游规划设计需求方运用各种手段确定旅游规划设计机构的方式。在综合了编制规划的具体要求、项目时效性的要求和成本控制等综合因素后项目委托方进行的最优选择[②]。一般来说,旅游规划设计项目的委托形式包括公开招标和非公开招标,其中非公开招标的委托形式又包括直接委托、竞争性谈判等。

(一)公开招标

1. 公开招标的性质

招标是在一定范围内公开货物、工程或服务采购的条件和要求,邀请众多投标

---

① 即项目成果的内容调整较大。
② 在基本明确了旅游规划设计项目来源的基础上,进一步对旅游规划设计项目的委托形式进行探讨。旅游规划项目的来源与委托形式之间的联系并不是必然的,不同来源的旅游规划设计项目可以采用相同的委托形式。

人参加投标,并按照规定程序从中选择交易对象的一种市场交易行为。旅游规划设计项目的公开招标是旅游规划设计委托方委托招标机构或自行对项目进行的有限制条件的乙方甄选行为,参与招标的旅游规划机构要提供符合要求的竞标方案,甲方以竞标方案作为优劣评定的最终依据①。近年来,随着旅游规划行业的规范和系统发展,公开招标正成为旅游规划项目委托的主要形式②。公开招标使规划设计委托方能够在较短时间内得到相对最优的成果,但多数公开招标项目还要求甲方为未中标单位提供竞标补偿③,使得规划设计项目委托的时间和费用成本较大。

2. 公开招标的程序

一般来说,旅游规划设计委托方对项目进行公开招标的工作程序如下:

(1) 规划设计委托方编制计划,选定招标代理机构并编制招标文件。

(2) 发布招标公告或发出招标邀请函。

(3) 接受合格投标人标书。

(4) 在公告或邀请函中规定的时间、地点公开开标并由评标委员对投标文件评标。

(5) 依据评标原则及程序确定中标人并向中标人发送中标通知书。

(6) 组织中标人与采购单位签订合同进入项目实际操作阶段。

---

① 竞标是基于传统的竞标方式的概念外延的延伸,传统的竞标方式是卖家将所售物品卖给最高出价者。有效投标人应在三家以上(含三家)或对招标文件实质性响应的三家以上(含三家)。旅游规划设计项目竞标是旅游规划设计机构报名参加招标活动并进行技术和商务响应的项目主动获得活动。废标:在政府采购活动中,由于响应的供应商不足规定的数量,当事人有违法违规行为或其他可能影响政府采购结果或公平竞争等情况,由有关当事人提出,经政府采购监督管理部门批准后对已进行的政府采购活动予以终止,废除已中标人的行为,称之为废标。中标方是招标活动结束后遴选出的项目成果提供方。
② 按照国家相关规定,以下类型的项目必须公开招标:涉及社会公共利益、公众安全的基础设施、公用事业项目,使用国有资金投资的项目,国家融资的项目,使用国际组织或者外国政府资金的项目和使用国有土地、矿产资源的项目。符合下列条件之一必须招标:项目的勘察、设计、施工、监理以及与工程有关的重要设备、材料采购等,施工单项合同估算价在 100 万元人民币以上;重要设备、材料等货物的采购,单项合同估算价在 50 万元人民币以上;勘察、设计、监理等服务的采购,单项合同估算价在 30 万元人民币以上;单项合同估算价低于前三项每项规定的标准,但项目总投资额在 2000 万元人民币以上。
③ 一般是成果较优但未中标的机构。

> **链接 4-1**
>
> 　　湖南省湘江旅游经济带总体规划招标文件包括投标邀请、投标人须知、说明（招标文件、投标文件的编写、投标文件的递交、开标和评标、定标）、合同一般条款、合同特殊条款、设计需求、投标文件的组成、评标办法等。
>
> 　　其中投标人须知是关于旅游规划机构是否具有参与竞标资格的认定依据和开评标办法说明；合同一般条款和合同特殊条款是旅游规划设计机构最终决定是否参与竞标的主要指标，是在竞标活动启动前需要充分研究和解读的内容。设计需求和投标文件的组成则是对竞标成果的要求阐述。参与竞标的旅游规划设计机构必须严格按照此要求进行成果的编制，包括成果的内容、深度、数量以及装订方式等，否则视为废标。评标办法则是确定中标单位的甄选标准说明，也是参与竞标的旅游规划机构争取项目的努力方向指引，这也是在成果编制伊始就需要仔细研读的内容。一次竞标活动的成功是旅游规划设计竞标团队集体努力的结晶，而清晰准确的招标文件的解读是中标的前提，因此需要仔细研读招标文件以避免因非技术性因素错失了得到招标项目的机会。

3. 公开招标类项目的获得

对于招标类规划设计项目来说，拟参加竞标的规划设计机构的工作主要包括招标信息的获取、竞标准备工作、竞标成果的制作等方面的工作。

（1）招标信息的获取

关于甲方招标信息的获得是旅游规划机构竞标成功的必要条件。目前，我国旅游规划设计项目招标信息的来源主要有：

①各省市的建设工程信息网、政府采购网、招标投标监管网发布的招标公告。

②主流旅游媒体（如中国旅游报、中国旅游网等）的招标信息和招标声明。

③其他途径的招标信息（如主动邀标信息等）。

（2）竞标准备工作

对于有意向进行规划设计项目竞标的旅游规划设计机构，竞标的准备工作包括以下几个方面：

①确定竞标资格。一般来说，旅游规划设计委托方采用公开招标方式时，对规划设计机构的竞标资格要求包括相关资质等级、相关规划设计经验要求等，如大

多数政府旅游规划设计项目竞标都对旅游规划设计机构的规划设计资质有明确的要求。因此，旅游规划设计机构首先要确定机构是否符合招标文件中对竞标单位的基本资格要求。

②组建竞标团队。旅游规划设计机构在符合竞标资格，并确定参与竞标后，针对竞标项目的特点和要求，组建合理的竞标团队。总体来说，竞标团队的组建要把握好的原则有以下几点：第一，竞标团队要针对项目进行专业人员的配备。第二，要合理安排竞标人员的工作时间，保证团队在较短的时间内通过集中工作完成竞标成果。第三，根据项目需要，还要注意配备专家团队和外部专家。第四，要配合竞标成果规划编制团队吸纳相关市场拓展人员进入团队，以利于项目市场拓展。

③下达竞标任务。综合考虑各方面因素[①]，旅游规划设计机构向竞标团队下达竞标任务书，确定各自职责和权益，实现责权利对等，保障旅游规划设计项目竞标顺利开展。

（3）竞标成果的制作

一般来说，竞标成果包括商务标和技术标两部分。

①商务竞标方案的制作。商务标主要是旅游规划设计机构对具有参与竞标资格以及机构优势的展示，包括机构资质等级证明、相关项目经验以及技术支持团队介绍等。因此，为提高工作效率，本部分工作可由竞标团队中的较为熟悉机构相关情况的市场拓展人员完成[②]。

②技术竞标方案的制作。技术标是规划设计机构竞标团队对本项目的规划设计能力的展示，包括按照竞标文件要求对规划设计项目的初步规划设计等。制作技术标的原则包括以下几点：第一是准时完成，相对于旅游规划设计项目的正式编制，竞标成果有极其严格的时间要求，因此成果编制团队需要尽量快速地完成成果；第二是重点突出，竞标成果一般是思路性的规划设计，委托方关注点在于规划设计机构对项目需求的理解，以及在此基础上对规划设计项目进行的初步规划设计成果，因此，竞标成果应尽量重点突出[③]；第三是控制成本，对于规划设计机构来说，竞标

---

① 包括竞标时间限制、出差要求、竞标成本。
② 值得注意的是，商务标内容因为在短期内不会有较大的变化，因此商务标的内容可在多个竞标项目中重复使用。
③ 因为不是最终成果，因此允许有一定程度的瑕疵，但是在大的定位和战略上不能出现大的偏差。

风险在于相对于中标奖金或补偿而言竞标的工作任务重[1],时间要求紧,因此规划设计机构应合理控制在竞标生产过程中产生的各类成本费用(人员成本、办公成本、差旅成本),减小由此带来的风险。

(二)非公开招标

1. 直接委托

(1) 直接委托的性质

直接委托是规划设计委托方对旅游规划设计项目进行的单一定向委托[2]。一般来说,下列情况规划设计委托方可采用直接委托方式确定旅游规划设计项目的被委托方:第一是项目时间紧,要求短期内确定被委托方[3]或者因为多种原因不能进行招标的项目;第二是项目委托方充分了解相关规划设计机构的业务内容及其优劣势[4],如双方之前有过较为顺利的合作。因此,直接委托具有减少招标时间,节省项目操作成本的优势,但是在对旅游规划设计机构没有充分了解、认识和对比的情况下,委托方很难做出最优选择。

(2) 直接委托的程序

①委托方编制计划,确认可以进行直接委托。

②机构甄别。选定一批符合项目成果编制具备条件的机构,通过行业口碑、网站分析、第三方推荐、实地考察交流等方式,全面评估旅游规划设计机构的业务能力,最终选定被委托方。

③依据相关程序确定委托编制机构,委托方与被委托方签订合同。

④进入合同履行阶段,开始项目的编制。

(3) 直接委托项目的获得

旅游规划设计机构能够获得直接委托项目主要是基于机构品牌及知名度、与甲

---

[1] 目前,市场上也存在部分委托方以竞标为幌子,拿到竞标方相关成果后不进行补偿或暗箱操作的问题。
[2] 政府主导型项目合同额在50万以下的,以及企业主导型项目中全部为私人投资的,除了国家专门规定情况以外,可不进行招标,采用直接委托方式选定项目成果编制机构。
[3] 确定被委托方的时间要求较短,来不及招标。
[4] 项目委托方进行过针对机构知名度、项目经验、成果质量以及团队专业性等方面的深入考察。

方有深入沟通和了解、行业垄断性①以及其他（如个人偏好、价格优势、情感因素等）方面的原因。一般来说，直接委托方式对旅游规划设计机构来说是最为节约成本的项目来源②。因此，旅游规划设计机构必须要十分重视直接委托类项目的获得。总结来说，针对旅游规划设计委托方直接委托的项目，需要规划设计机构重点做好市场宣传，并与委托方保持长期沟通。其中，市场宣传既包括旅游规划设计机构通过各类媒体提高自身市场知名度和影响力，也包括旅游规划设计机构的市场拓展人员针对潜在客户的上门宣传服务和针对委托方的长期沟通③。

2. 竞争性谈判

（1）竞争性谈判的性质

竞争性谈判是指旅游规划设计委托方或者委托代理机构直接邀请三家以上供应商就采购事宜进行竞争性谈判的方式④。竞争性谈判的特点体现在以下几个方面：一是可以缩短规划设计项目的准备期，有利于规划设计成果编制的进度；二是减少工作量，相对于公开招标省去了大量的开标、投标等程序性工作，有利于提高工作效率；三是通过供求双方长期的沟通交流，使得项目委托方能够更准确地判断参与竞争性谈判的旅游规划设计机构的优劣势，保证委托方确定最合适的被委托方；四是委托方除了获得被委托方的规划设计成果，还能够将其他未获通过的设计机构的工作成果部分内容吸纳，有利于编制出高水平的规划设计成果。因此，与直接委托方式相比，此种方式能够获得较优的成果，同时又比公开招标节省时间，因此这种方式受到越来越多项目委托方的青睐。竞争性谈判的缺点体现在以下两个方面：首先，规划设计项目编制费用不高可能出现参与竞争性谈判的单位数量较少，难以获得理

---

① 如部分相关业务具有垄断性，其他机构无法实现或质量差距较大。
② 直接委托项目一般是项目委托方向旅游规划设计机构提出项目委托意向，旅游规划设计机构无异议后双方即可协商签订项目委托合同，直接跨越项目前期准备，直接进入成果编制阶段。
③ 与委托方保持长期沟通是指为顺便获得直接委托类项目，旅游规划设计机构应制定合理的客户联络机制，随时就机构相关信息与客户保持沟通和交流，保障委托方对机构的了解和信任。
④ 符合下列情形之一的货物或者服务，可以采用竞争性谈判采购方式：招标后没有供应商投标、没有合格标的或者重新招标未能成立的；技术复杂或性质特殊，不能规定详细规格或者具体要求的；采用招标所需时间不能满足用户紧急需要的；不能事先计算出价格总额的。根据财政部第18号令第43条的规定，投标截止时间结束后参加投标的供应商不足三家的或在评标期间出现符合专业条件的供应商或者对招标文件做出实质响应的供应商不足三家情形的，经报政府采购监督管理部门批准，可以采用竞争性谈判采购方式。

想效果；其次，编制费用较高的项目为尽可能地甄别出最理想的规划设计机构则需要为参加竞争性谈判的机构每一阶段的成果付费[①]，因此成本较高，适合规划设计资金较为充裕的项目。

（2）竞争性谈判的程序

①委托方编制计划，选定参与竞争性谈判的机构。

②组织竞争性谈判，一般分阶段进行竞争性谈判，参与竞争的机构根据每一阶段相关要求完成成果，由委托方组织对成果进行评选，实施末位淘汰制，剩下的机构进入下一阶段，最终遴选出一家作为被委托方。

③确定的被委托方与委托方签订合同，并进入项目成果正式编制阶段。

> **链接 4-2**
>
> 《××景区旅游总体规划竞争性谈判邀请书》
>
> 1. 总论：项目名称、采购项目要求、获取谈判文件时间地点、谈判及递交谈判文件截止时间、联系人及联系电话、谈判及递交谈判文件地点。
>
> 2. 谈判须知：谈判双方人员有关要求、报价原则、谈判保证金、报价文件的递交、付款。
>
> 3. 资格要求：参加谈判的供应商必须具备的条件。
>
> 4. 项目要求：提交项目成果的相关要求。
>
> 5. 报价文件：参加报价的供应商按要求编制报价文件。
>
> 6. 谈判程序。
>
> 7. 谈判及确定成交的原则。
>
> 8. 谈判纪律和注意事项。

（3）竞争性谈判项目的获得

对于旅游规划设计机构而言，参与竞争性谈判相对于参与公开招标风险较小[②]，且采用竞争性谈判方式委托的旅游规划设计项目日益增多，必须充分重视。总体来

---

① 也存在部分不需要参与机构编制竞争性的规划设计成果的竞争性谈判，此类情况下，则不会产生相关费用。

② 如大部分参与竞争性谈判的机构都能获得一定的成果补偿。

说，旅游规划设计机构针对委托方采用竞争性谈判进行委托的项目应注意四个方面的问题：一是竞争性谈判要求参与的旅游规划设计机构有一定的品牌知名度和市场影响力；二是要求旅游规划设计机构具有较高的专业服务意识，配合委托方完成各类相关工作；三是委托方对机构在竞争性期间编制的成果要求较高，要求既保证成果质量，又节省时间；四是除了竞争性谈判期间要求的成果内容外，旅游规划设计机构更需要表现出机构在规划设计成果落地性和可操作性方面的能力，以便委托方快速启动下一阶段工作。

3. 其他

旅游规划设计项目的委托以筛选出最符合条件的旅游规划机构为最终目标。因此，在实际操作过程中委托方可以根据需要采用灵活的委托形式，非公开招标类的委托形式除了直接委托和竞争性谈判外，还包括联合竞标、服务外包等。

三、项目合同

合同是旅游规划设计项目双方之间设立、变更、终止民事关系的协议[①]。一般来说，旅游规划设计书面合同的内容包括项目概况、成果内容、工作时间及进度、费用等方面的内容。

（1）项目概况。具体内容包括项目名称、项目地址、规划范围、规划期限等项目的基本情况概述。

（2）规划成果及内容。一般来说，在签订的书面合同内应尽量详细地规定旅游规划设计成果内容、深度以及成果形式，以防止委托方与被委托方在执行合同过程中出现的各类纠纷和问题[②]。

[①] 依法签订的合同，受法律保护，是双方确定权利、义务关系的协议。
[②] 实际上，大部分旅游规划设计书面合同规定的成果内容在未来执行合同过程中都会有调整，但为防止纠纷，书面合同规定内容是非常重要的内容。

（3）工作时间及进度安排。旅游规划设计的工作时间除了规定规划设计机构完成相关成果的时间外，为保证旅游规划设计项目的质量，合同中的工作时间还应该详细规定规划设计团队在某方面的工作时间，如规定规划编制团队在现场工作时间不低于多少天等。同时，规划设计机构在签订合同时，也应该考虑规划编制团队其他相关工作任务安排，合理安排工作时间，切忌为获得项目而刻意在合同中缩短工作时间。

进度安排是根据实际情况而规定的旅游规划设计进展的时间节点，合理的进度安排应考虑规划设计内容及工作量、编制团队时间安排、委托方需求及其工作时间安排等方面的因素制订工作安排，需要委托方与被委托方良好的配合协作。

（4）规划费用及付款方式。规划设计费用是合同内容的核心。一般来说，规划设计项目计费标准包括按照规划设计面积、内容、深度、工作时间等方式进行计费。付款方式主要包括对付款时间、额度的规定。值得注意的是，规划设计机构为保证相关费用能够按时收回，在合同的付款方式中付款时间及额度是与规划设计项目工作进度安排紧密联系的，如完成某一阶段成果之前或之后规定时间内，委托方必须按照合同付款等。

（5）甲乙双方在项目操作过程中的责任和义务及纠纷解决办法，包括知识产权、争议解决、保密条款、违约处理办法、合同变更和解除等。

链接 4-3

××市××区"十二五"旅游业发展规划合同

甲方：××市××区旅游局

乙方：××旅游规划设计院有限公司

根据招投标确定的编制单位，××市××区旅游局（以下称"甲方"）委托××旅游规划设计院有限公司（以下称"乙方"）进行《××区"十二五"旅游业发展规划》编制工作。双方经过友好协商，现就有关事项达成一致，表述如下：

第一条　项目概况

1. 项目名称：《××区"十二五"旅游业发展规划》。

2. 项目位置：××省××市××区。

3. 规划范围：××区全境。

第二条　规划内容（主要包括但不限于）

1. "十一五"成就及发展形势

认真分析、梳理 2006 年至 2010 年期间，旅游业发展成就及存在的不足，为准确制定"十二五"发展战略、发展目标以及发展重点打好基础。

2. "十二五"发展战略

通过对"十二五"期间宏观环境的把握，制定"十二五"期间××区旅游发展战略，明确重要发展理念、产业战略、区域战略，指导下一步产业发展、空间发展、项目建设以及近期工作。

3. 旅游发展目标

根据××实际情况以及××的旅游地位，明确"十二五"期间××旅游的发展目标。

4. 旅游空间布局

结合新城、城市综合体建设情况完善××旅游四大板块的空间布局并深化各板块的内容。

5. 重点旅游项目

明确"十二五"期间的重点项目，提出项目建设思路，制定项目推进时序，尽量做到细化和量化。

6. 乡村旅游发展

利用××的区位优势和现有乡村旅游基础，对乡村旅游的发展进行深入研究，创新乡村旅游的发展模式，丰富乡村旅游的内容。

7. 旅游品牌塑造

结合××旅游实际和市场需求，确定××旅游核心品牌及其塑造方式、内容特色、市场营销等。

8. 行业系统发展

重点提升宾馆酒店、旅行社、旅游购物等与旅游具有直接关系的行业，同时结合新型业态挖掘特色潜力行业，如会议会展、运动休闲、健康养生、休闲农业、旅游地产等。

9. 市场开发思路

以巩固长三角客源为主要目的，以开拓国内旅游市场为重要内容，努力延长逗留时间。以××旅游国际化为目标，率先开发中国台湾市场和日韩市场。

针对不同市场，创新销售方式方法。

10. 规划保障措施

提出适应"十二五"大环境、适应旅游市场化发展的政策、管理建议。

从横向行业结构、纵向人才水平等角度提出旅游人才培养计划。

明确资源保护任务等。

第三条　工作时间及进度安排

工作时间：乙方提交工作成果共分为三个阶段，总计工作时间 75 个工作日。

进度安排：

工作阶段	阶段成果	时间计划
第一阶段	规划初稿	合同签订后 30 个工作日内。
第二阶段	规划评审稿	乙方收到甲方根据初稿成果提出修改意见后 30 个工作日内。
第三阶段	最终成果	乙方收到甲方规划评审稿修改意见后 15 个工作日内。

第四条　项目费用及付款方式

1. 合同金额：本规划费用共计×××元整（小写×××元）。

2. 付款方式：

付款时间	比例	金额（元）
合同签订后 15 个工作日内，甲方支付首笔费用作为项目启动费。	50%	××
乙方根据甲方对初稿提出的修改意见制作完成规划评审稿后 15 个工作日内。	30%	××
规划通过专家评审后 15 个工作日内。	20%	××

3. 费用：包括乙方由于规划产生的实地考察调研、沟通交流、成果汇报、评审会期间的交通费用和食宿费及项目编制费用、文本制作费用、乙方应交纳的一切税款等。除前述费用外，乙方编制规划期间及后续任何费用甲方不再承担。

4. 规划期间甲方邀请的专家所涉及的交通、食宿以及专家费等由甲方承担。

5. 规划费用通过银行汇票或转账支付。

6. 如甲方需要乙方完成合同之外的其他工作内容，费用另议。

第五条　甲方责任

1. 甲方应向乙方提供规划必需的相关资料、数据和图件，并对其完整性和正确性负责。若甲方不能提供规划必需的相关资料、数据和图件，则乙方工作时间顺延，乙方有权重新确定提交规划成果的时间。

2. 甲方应向乙方提供规划区地图电子文件。

3. 甲方应按照合同第四条规定的金额和时间要求向乙方支付规划费用（以甲

汇出时间为准）。逾期支付在10天内的，每逾期支付一天，甲方须支付乙方项目总规划经费的1‰作为逾期违约金，乙方工作时间顺延。逾期支付超过10天以上的，乙方有权暂停履行下一阶段工作，并书面通知甲方，甲方仍需要支付上一阶段规划费用。

4. 在合同生效后，甲方按照本合同第二条规定的"规划费用及付款方式"分阶段付款，如甲方要求终止或解除合同（需要提供正式文件），必须在一个服务工作阶段结束前提出，该阶段乙方已收取的服务费用不予退回。如果甲方在新的工作阶段开始后提出终止或解除合同，且乙方实际工作量已超出了甲方已付款的工作范围，甲方需支付乙方超出部分工作的服务费。

5. 甲方应在乙方提出汇报要求后安排召开汇报会（或评审会）。汇报会后出具书面的验收函和修改意见。如由于甲方原因造成汇报会（或评审会）召开拖延或延期出具书面修改意见的，乙方工作时间顺延。

6. 甲方变更委托规划项目、规模、条件或因提交的资料错误、或所需资料作较大修改，以致造成乙方规划工作需要较大返工时，双方除需另行协商签订补充合同（或另订合同）、重新明确有关条款外，甲方应按乙方因返工增加的工作量按该阶段的规划收费比例向乙方支付返工费。

第六条 乙方责任

1. 乙方负责组织精干专业人员组建项目组。

2. 乙方对提交成果的科学性、规范性、有效性负责。

3. 乙方在规划过程中进行头脑风暴会、专家顾问会、内部论证会等工作程序，征求各方面专家意见建议提升成果质量，专家费用由乙方承担。

4. 乙方按照合同规定的内容和时间开展规划工作，按期提交规划成果。由于乙方自身原因延误规划成果提交时间，逾期提交在10天内的，每逾期提交一天，乙方承担总规划经费的1‰作为逾期违约金，甲方付款时间顺延。逾期提交超过10天以上的，甲方有权停止支付后期规划费用并书面通知乙方。

5. 乙方提交的工作成果未达到合同规定的工作内容要求，没有通过甲方组织的汇报会的，乙方须在30天内重新修改工作成果并向甲方汇报，由此产生的返工费用由乙方自行承担。

第七条　项目成果

1. 成果内容：《××区"十二五"旅游业发展规划》文本。

2. 成果形式与数量：《××区"十二五"旅游业发展规划》初稿 5 本，评审稿 25 本，最终稿 25 本。电子文件光盘 1 套。

第八条　争议解决

1. 甲乙双方在履行本合同中出现的争议首先通过友好协商的方式解决。

2. 协商不成的，任何一方均可向项目所在地人民法院提请诉讼。

第九条　知识产权

1. 合同执行中产生的中间成果的知识产权归甲、乙双方所有，未经乙方书面同意，甲方不得进行复制、散发、传播等侵权行为，未经甲方同意，不得用于第三方。

2. 甲方完全支付了本合同全部价款后，本成果的所有权归甲方所有，乙方享有署名权和对规划成果进行宣传和发表参评的权利。

第十条　保密条款

1. 乙方对甲方提供的一切资料、信息履行保密义务，未经甲方同意，不得向任何第三方泄露。

2. 甲方对乙方提供的一切资料、信息履行保密义务，未经乙方同意，不得向任何第三方泄露。

第十一条　合同变更和解除

1. 本合同条款由甲乙双方在平等自愿的基础上通过协商并达成一致意见后形成，未经双方书面认可，任何一方不得对本合同的条款做出修改或补充。

2. 如因第三方原因，造成合同不可避免的修改，应取得甲乙双方的书面共同确认，并签署补充合同。

3. 因不可抗力造成合同履行条件不再具备，须经过甲乙双方共同书面确认。

第十二条　其他

1. 本合同一式六份，甲乙双方各持三份。

2. 本合同自双方签约代表签字、盖章之日起生效。

3. 本合同的附件以及由于本合同而产生的补充合同，与合同正本具有同等法律效力。

第五章 旅游规划设计的工作程序

旅游规划设计的工作程序是规划设计机构获得旅游规划设计项目后,如何完成项目的实施过程。根据旅游规划设计项目的运作特点,其工作程序大致包括任务确定、前期准备、成果编制、成果评审、成果报批五个阶段。

一、任务确定

(一)确定编制团队

对于规划设计机构来说,任何旅游规划设计项目编制工作的第一步都是针对规划设计项目的工作内容,确定承担相关工作的编制团队,并配备合理规划设计编制人员。其中,最为重要的是确定规划设计项目的项目负责人,由项目负责人牵头组建编制团队。在编制团队的人员构成方面,除了规划设计机构内部员工外,根据规划设计项目的特点,还应该考虑组织机构外部的相关专家进入编制团队。

(二)召开项目启动会

由规划设计项目负责人组织项目编制团队召开项目启动会,主要有以下几点内容:一是与编制团队交流沟通项目背景[1],明确本次规划设计项目的目标和重点;二是通报本次规划设计编制的相关费用和合同要求;三是项目编制团队成员就规划设计项目的相关疑问和问题进行初步讨论,并形成工作计划和技术方案[2];四是通过项目启动会确定工作计划后,确定每个项目成员的具体职责和工作任务安排。

---

[1] 包括项目来源、委托形式、委托方关注点和规划设计合同内容等。
[2] 一般来说,项目负责人应根据合同工期、合同内容等,预先编制一个工作计划和技术方案的初稿供工作组在项目启动会期间讨论。值得注意的是,在有些规划设计项目实施过程中,有可能出现项目负责人、项目组长和项目技术总监为同一人的情况。

二、前期准备

(一) 旅游规划设计方法

旅游规划设计方法是旅游规划设计中不可缺少的一部分，其应用重点在于通过合理的方法手段来做出高质量、操作性强的规划设计方案，从而使得旅游规划设计成果落到实处，对景区及更大区域的规划提供指导，并进一步推动旅游业的长期可持续发展。总结来说，目前在我国旅游规划设计编制工作中，涉及较多的旅游规划设计编制的工作方法包括 SWOT 分析法、生命周期理论、头脑风暴法、深度访谈法、参与式观察法、实地调查法等[1]。

1.SWOT 分析法

SWOT 分析方法又称态势分析法，是一种战略分析方法，即根据分析对象自身的既定内在条件进行分析，找出分析对象的优势、劣势及核心竞争力之所在。其中，S 代表 strength（优势），W 代表 weakness（弱势），O 代表 opportunity（机会），T 代表 threat（威胁），其中，S、W 是内部因素，O、T 是外部因素[2]。运用这种方法，可以对研究对象所处的情景进行全面、系统、准确的研究，从而根据研究结果制定相应的发展战略、计划以及对策等。SWOT 分析法在旅游规划设计方面常常被用于分析规划区发展背景，制定规划区域发展战略的重要分析工具。

2.旅游地生命周期理论

巴特勒（R.W. Butler）的旅游地生命周期理论指出，任何一个旅游地的发展过程一般都包括探查、参与、发展、巩固、停滞和衰落或复苏 6 个阶段。旅游地的生

---

[1] 对旅游规划设计方法的应用应具备全面的观点，具体问题具体分析，并实现方案与实践的结合。
[2] 相关定义来源于百度文库。

命周期是由旅游产品的生命周期所决定的,可以通过人为的旅游产品开发手段使旅游地具有长久的吸引力,并使其拥有更长的生命周期。旅游地生命周期及其发展预测研究,主要用于旅游规划(尤其是发展规划)中对规划区域旅游业基础的研判并据此制定发展战略、旅游产品体系。因此,旅游地生命周期理论对指导旅游地规划、建设和管理都具有重要的指导作用。

3. 头脑风暴法

头脑风暴法又称智力激励法,是一种创造能力的集体训练法,其目的是围绕一个特定的兴趣领域讨论产生新观点[1]。采用头脑风暴法组织群体决策时,要集中有关人员召开专题会议,主持者以明确的方式向所有参与者阐明问题,说明会议的规则,尽力创造融洽轻松的会议气氛,由参会者"自由"提出尽可能多的方案。头脑风暴会由于使用了没有拘束的规则,人们就能够更自由地思考,进入思想的新区域,从而产生很多的新观点和问题解决方法[2]。头脑风暴法是旅游规划设计最重要的方法之一,常用于区域旅游规划的发展战略、产品体系、形象定位、市场营销等的策划创意之中。

4. 深度访谈法

深度访谈是一种定性研究方法[3]。深度访谈过程中,由掌握高级访谈技巧的调查员对调查对象进行深入的访问,用以揭示对某一问题的潜在动机、态度和情感,最常应用于探测性调查。应用范围包括详细了解复杂行为、敏感话题或对企业高层、专家、政府官员进行访问。"深度访谈"作为定性研究中的方法,在目前的社会学领域中有着重要的地位。深度访谈法在旅游规划设计工作中的主要作用是通过对项目委托方负责人(官员、企业家)、专家以及游客等相关人员的细致访谈,获得与

---

[1] 相关定义来源于百度百科,在本文中有修改。
[2] 头脑风暴会中当参加者有了新观点和想法时,他们就大声说出来,然后在他人提出的观点之上建立新观点。所有的观点都会被记录,但不进行批评。只有头脑风暴会议结束的时候,才对这些观点和想法进行评估。头脑风暴的特点是让参会者敞开思路,使各种设想在相互碰撞中激起脑海的创造性风暴,其可分为直接头脑风暴法和质疑头脑风暴法,前者是在专家群体决策基础上尽可能激发创造性,产生尽可能多设想的方法,后者则是对前者提出的设想、方案逐一质疑,发现其现实可行性的方法,这是一种集体开发创造性思维的方法。
[3] 相关定义来源于百度百科。

旅游规划设计项目相关的各方面意见和建议,并通过规划设计人员主观的、洞察性的分析,从中归纳和概括出某种结论,以指导旅游规划设计成果的编制。

5. 参与式观察法

参与式观察法就是研究者深入到所研究对象的生活背景中,在实际参与研究对象日常社会生活的过程中进行观察的一种社会研究方法[①]。与其他研究技术相比,参与观察导致研究者把自己的看法和观点强加于其试图理解的社会世界的可能性最小,它常常是在"没有先入之见"的情况下进行探讨,因此,它为获得社会现实的真实图像提供了最好的方法[②]。参与式观察法常应用于对规划设计对象的调查研究,如以游客的身份体验旅游区旅游产品,发现旅游区内的各类问题,针对发现的问题进行规划设计。对于旅游规划设计来说,参与式观察法能够使规划设计者更好地了解和掌握规划设计对象的相关情况,从而编制出针对性更强的旅游规划设计成果。

6. 实地调查法

实地调查法又称田野调查或现场研究,即实地考察人类社会的方法。实际上实地调查方法是对观察法、社会调查法等方法的一种综合运用[③],它通过实际考察研究现场来获得研究的第一手资料。在进行旅游规划设计时,实地调查法是重要的方法,实地调查法不仅可以使用以前的研究成果对旅游地进行背景分析,对已经开发和未开发的旅游目的地进行现场评估,同时也是旅游规划设计者对旅游者(旅游动机、满意程度)、当地居民(由于旅游活动所引起的社会文化方面的变化)进行调查分析的重要手段。

(二) 规划设计前期准备工作内容

旅游规划设计的准备工作是整个规划设计工作的首要环节。具体来说,前期准

---

① 相关定义来源于百度百科,在本书中有修改。
② 重要的是参与观察时,由于身临其境,观察者可以获得较多的内部信息。
③ 旅游规划设计者先通过早期的历史文献检索,形成对某一地区社会文化状况的概括了解,然后带着一些从理论中或实际经验中引出的假设进入作为规划对象的旅游目的地生活,用实地观察法和访谈法,通过与旅游目的地游客、居民的交往和沟通及对当地文化的学习和了解,研究者可以较为深入地了解旅游地的相关问题。

备工作主要包括收集资料、相关案例研究、现场考察。

1. 收集资料

为了更好、更有针对性地进行旅游规划设计项目现场踏勘，在此之前必须进行必要的资料收集工作。一般来说，项目负责人要根据规划任务书委托和规范要求，结合项目实际，编写基础资料收集提纲。按照资料收集提纲，规划设计编制团队通过文献研究、媒体资料研究（如报纸、网络等）、专家访谈等方式广泛深入收集社会经济背景、旅游产业发展现状与市场信息、相关规划等方面的资料。

（1）社会经济背景

社会经济背景资料包括规划范围内及其周边的自然地理条件、历史文化特征、社会经济发展水平等方面的内容。此类资料的收集多采用相关文献研究以及媒体资源研究的方式获得。值得注意的是，对于一些企业主导型的旅游规划设计项目，项目编制团队还需要对该企业进行深入研究，从而编制出更有针对性的规划设计成果。

（2）旅游产业发展现状与市场信息

旅游产业发展现状与市场信息包括旅游资源、游客市场、旅游产业经济水平、旅游形象知名度和影响力等方面的分析，并对规划范围的旅游发展阶段进行初步研判。此类材料多采用媒体资料研究和专家访谈的方式进行收集。

（3）相关规划

相关规划是指与本次旅游规划设计相关的各类规划，如规划范围内及其周边区域的旅游规划[1]、社会经济规划、城市总体规划、土地利用总体规划以及林业规划、环保规划等专项规划[2]。这些规划对于旅游规划设计的编制工作具有重要的影响[3]，因此，旅游规划设计编制团队必须重视相关规划资料的收集和分析。此类资料的收集除了需要大量的文献研究外，还需要旅游规划设计委托方与规划设计编制团队进行配合，共同协调、沟通相关部门和单位提供相关的规划材料。

---

[1] 尤其是旅游产业的上位规划。上位规划指在法律程序、规划空间或规划层次上高于本次规划的相关规划，如控制性详细规划的上位规划是总体规划，某一景点规划设计的上位规划是其所在区域的相关规划。

[2] 绝大多数情况下，旅游规划设计都需要和这些规划进行衔接和协调。

[3] 如规划设计对象为某自然保护区，则自然保护区的总体规划将是本次旅游规划设计的上位规划，本次旅游规划设计的内容都要以服从自然保护区总体规划为基础。

2. 相关案例研究

案例研究应结合旅游规划设计区域的实际，以相关典型案例为素材，并通过具体分析、解剖，总结相关经验以指导本次规划设计工作的方法。在进行案例研究时，最重要的工作是选择好合适的研究对象。一般来说，为有针对性地进行案例研究，研究对象选择的原则包括资源相似性原则、旅游市场相似性原则、区位相似性原则和项目定位相似性原则等。确定好研究对象后，应围绕研究对象利用各类方法收集相关资料[①]，全面剖析、总结研究对象在确定目标、发展模式等方面的经验、教训，并总结案例对本次规划设计的启示。

3. 现场考察

现场考察是应用实地调查的方法对规划范围进行实地考察和分析的过程，现场考察主要包括规划区现场考察和其他区域考察。

（1）规划区现场考察

规划区现场考察的任务是通过考察使规划设计团队能够对规划设计区域内的旅游发展背景、旅游资源状况、场地条件和相关问题有深入、客观的认识和理解，以期更好地完成下一阶段旅游规划设计编制工作。规划区现场考察是旅游规划设计项目编制最重要的工作之一，在规划现场考察中要做好以下几方面的工作：

①旅游规划设计项目负责人应提前做好前期准备阶段工作计划，安排好每位编制团队成员的现场工作任务。

②为保证现场考察效果，项目负责人应在每天的考察任务结束后召开现场考察总结会，讨论每位编制团队成员的当日现场考察心得与项目思路，并安排专人记录。

③与当地政府相关部门召开座谈会，包括规划、国土、发改、环保、城市建设管理等部门，交流讨论各相关部门对本次旅游规划设计的意见和建议。

④与当地居民及利益相关者进行交流，了解他们对本次旅游规划设计的看法，既有利于规划设计者更好地了解规划区域的背景条件，同时也有利于规划设计者的规划成果能够对利益相关者进行合理安排，从而使得规划设计更具落地性。

⑤在有一定旅游市场基础的规划区域，还需要在现场进行游客的抽样调查，摸

---

① 其中的方法包括实地调查、人物访谈、文献研究、网络资料收集等。

清游客构成和游客需求,为规划设计编制团队进行旅游市场研究提供一手资料。

⑥旅游规划设计项目负责人要安排专人撰写考察报告。

⑦根据实际情况,旅游规划设计团队可能需要进行多次现场考察。

（2）其他区域考察

除了规划区的现场考察外,旅游规划设计团队还需要对其他相关区域① 进行考察以更好地指导本次旅游规划设计工作。对其他相关区域考察的重点是研究与规划区域的竞争与合作关系。

链接 5-1

《×××旅游区发展总体规划》前期准备阶段工作计划

1. 团队组建及任务分工

项目团队名单

项目团队	姓名	职称	任务分工
顾问专家	×××	副研究员	旅游发展战略
	×××	注册规划师	风景园林规划、旅游规划、景观设计
	×××	教授	自然保护区建设与管理、野生动植物保护、系统保护规划、资本评估和信息系统建设
	×××	教授	旅游文化竞争力研究、旅游企业管理、旅游项目运营
组长	×××	副研究员	区域可持续发展和生态建设、环境保护研究与规划；总体技术指导
项目负责人	×××	高级规划师	统筹项目进展、管理项目团队、主持项目核心内容
成员	×××	高级规划师	理论研究、旅游发展战略研究及分期计划
	×××	规划师	旅游资源评价及基础工程规划
	×××	商业策划师	商业运营计划
	×××	景观设计师	资源结构规划及旅游设施规划相关图件设计
	×××	规划师	旅游产品开发、线路组织与策划
	×××	策划师	社区发展及管理体制研究
	×××	投融资顾问	投融资、项目资源分析及评价

2. 资料收集及梳理

进场前期已开展国外国家公园体系及其国内自然文化遗产管理体制相关研究工作,并多次组织讨论,分析其借鉴及指导作用。

---

① 其他相关区域包括规划区周边的旅游景区景点、规划区域的上级行政单位、国内外相类似旅游区等。

其他资料收集情况表附后。

责任人：×××、×××

3. 考察工作安排（双方商定）

（1）考察重点解决问题

①规划区内自然生态环境和历史人文资源特征（考虑功能分区、景源分级、可开发资源等）。

②规划区域内特定管理体制下的发展诉求，目前的旅游开发、管理、经营情况。

③规划区内的居民点分布以及产业布局，并对自然生态的影响进行分析，考虑合作机制。

④规划区内交通运输、旅游服务设施、基础工程建设情况（重点：不合理设施及适宜建设区域选择）。

⑤规划区内土地利用结构和生态环境保护情况。

⑥规划区历史与文化、社会经济、旅游资源、市场现状，当地主要的保护区、景区的经营、管理现状，市内的交通运输、旅游服务设施、基础工程建设情况以及外部环境对规划区发展的影响。

⑦与地方各部门及当地居民进行沟通，深度了解现状。

（2）考察区域

规划区域内石林区、原始森林区（共计2天）。

项目地周边特色及开发较好景区（2天）：××主题公园、×××边境旅游特色小城、××国家自然保护区、××民族风情园、××国家森林公园（国际狩猎场、滑雪场），了解当地旅游整体发展情况，并重点了解森林公园和自然保护区的管理、经营水平及项目地周边及伊春城区综合旅游服务水平，例如旅游集散中心、旅游服务中心、交通、住宿接待情况。

根据实际情况可增加项目地的补充考察。

（3）其他同类景区考察

①类似景区，如××景区（重点考察管理体制）。

②国内其他管理较好的风景名胜区（重点考察管理体制）。

（4）座谈

召开座谈会，与环保、林业、建设、旅游、文化、交通、水利、保护区及景区管理、乡镇等相关部门就本次规划相关事宜进行沟通交流（了解规划区的发展及管理情况、当地的历史文化、自然保护和经济发展的相关情况、关于规划区的初步设想等）。

（5）内部总结会

每日考察结束后组织总结会，吸收各方意见并提出自己的思路。

（6）考察期间人员分工

总体协调人：×××。

每人负责一位专家的思路对接与安全，×××（记录、进场前区情与背景资料整理发放）、×××（拍照、线路定位）、×××（记录、资料对接）、×××（拍照、录音）。

4. 考察结束

（1）对照考察重点进行梳理，查漏补缺。

（2）整理考察结果及思路，向领导小组进行汇报。

（3）根据各成员考察认知及思路调整编制内容分工。

5. 所需资料清单

（1）相关规划类

- ××省旅游十一五发展规划
- ××市国民经济社会发展十一五规划
- ××市城市发展总体规划
- ××市交通总体规划
- ××市旅游发展总体规划
- ××市林业资源型城市经济转型总体方案
- 中共××市人民政府关于加快旅游业发展的决定（2008）
- ××建设领导小组行动安排和工作计划相关资料
- ××景区试点建设工作方案
- ××区长××在全国生态旅游发展工作会议上的发言稿——《开展国家公园建设，促进生态环境保护与区域经济社会协调发展》
- ××国家公园申报材料
- ××风景名胜区规划
- ××森林公园相关规划

（2）基础资料类

■ ××国家公园范围内的林业经济相关资料

■ ××景区目前管理及经营体制介绍

■ ××原始林区和石林风景区旅游资源普查及评价资料

■ ××景区区块内及周边居民情况、主导产业介绍等相关资料

■ 规划区块相关地质水文资料

■ 规划区块动植物相关资料

■ 规划区块已建设项目和设施的资料（功能、规模、设计等）

■ 规划区块现有基础设施资料（包括给排水、电力、电信、供热、燃气等）

（3）规划图件类

■ ××市行政区划图、旅游交通图

■ ××景区旅游地图

■ 景区航拍图

■ 规划区规划部分（带规划红线）1:5000、1:10000或1:20000电子地形图（.dwg格式）

（4）国家旅游局资料

■ 全国生态旅游发展纲要（2008～2015）

■ 国家生态旅游示范区标准（征求意见稿）

■ 最新的国家级风景名胜区、A级景区、国家自然保护区、地质公园、国家森林公园、湿地公园、国家矿山公园、国家水利风景区名录

（5）已有资料

■《2008年在全国生态旅游发展工作会议上×××的报告》

■《2008年全国生态旅游发展工作会议上×××的报告》

■《2009年全国旅游工作会议，×××的报告》

■《×××在2006年全国生态旅游现场会上的讲话》

■《在互动百科上的国家公园相关资料》

■ 网上有关于国家级风景名胜区的相关资料

■（http://www.gjgy.com/cnnp.html）

■ ×××2009旅游工作会议上省旅游局局长的工作报告

- ××市资料（http：//www.xzqh.org/QUHUA/23hlj/ 07yichun.htm）
- ××的《风景名胜区》讲座 PPT
- ××的《××市旅游发展提升策划》初稿和图件
- 《×××省概况》
- 《××× 概况》
- 《××× 概况》
- 部分风景名胜区相关资料和国家公园研究相关学术资料
- 图书《100 国家公园：鬼斧神工的自然奇观——环游世界 100 个国家公园》
- 图书《美国国家公园巡礼》
- 图书《××× 国家公园规划和建设》
- 图书《中华人民共和国国家标准 GB 50298—1999 风景名胜区规划规范》

三、成果编制

成果编制是旅游规划设计项目开展的核心和重点。一般来说，一个旅游规划设计项目的编制包括初稿编制、论证稿编制和评审稿编制三个阶段。

（一）初稿编制阶段

1. 主要任务

初稿是在前期材料准备、现场踏勘的基础上，通过各种规划设计方法对本次规划设计任务的思路性成果[①]。一般来说，旅游规划设计初稿成果包括本次规划设计的目标、原则、战略思路等内容。初稿不要求成果的完整性，但要求成果有准确的定位、明确的目标、合理的战略、明晰的重点和切实可行的工作安排。初稿是一个

---

① 初稿阶段也称为大纲阶段。

旅游规划设计项目的引领性成果，初稿成果如果能较好地完成，把握好工作方向，会对下一步工作起到事半功倍的作用，反之如果初稿成果质量较差，没有很好地解决相关问题，将对下一阶段工作造成较大的阻碍。因此，旅游规划设计编制团队需高度重视初稿工作，应尽可能高质量地完成初稿工作。一般来说，为了达到初稿的预期效果，旅游规划设计被委托方可能需要对初稿成果进行多次修改和调整，并及时向委托方汇报，与委托方进行交流，以便最大限度保证初稿完成。

2. 工作程序

（1）首次头脑风暴会

在完成现场踏勘调研的基础上，项目负责人应尽快组织规划设计编制团队人员召开首次头脑风暴会，就本次规划设计项目在资料分析、现场踏勘后各成员对于项目的想法进行讨论，并针对本阶段出现的新问题和新要求对编制团队的人员和工作任务进行新的调整[①]。

（2）成果编制

成果编制阶段，规划编制团队开始正式进行旅游规划设计项目编制案头工作。为保证工作质量和效率，编制团队人员应集中时间尽快完成相关工作，并由项目负责人负责每一阶段的成果统稿[②]，并组织编制团队进行多次头脑风暴会就编制团队人员各自的最新成果内容进行讨论修改。在本阶段工作时，项目负责人除了需要准确把握规划设计成果编制的工作方向和重点外，还应该通过各种方法使规划编制团队团结一致，并各负其责、保质保量地完成工作任务[③]。

（3）专家咨询会

在规划编制团队完成初稿成果后[④]，需要及时召开专家咨询会就初稿成果听取各方面建设性、指导性甚至是批评性意见。通过专家咨询会，一方面解决编制团队就

---

① 这一阶段项目负责人应根据讨论结果大致编制一个规划设计成果的大纲，按照大纲向生产团队人员分配各自的工作内容。
② 有时候需要每天统稿一次。
③ 除了工作绩效奖励外，可以使用一些小技巧来保证每个成员都能很好地发挥其作用，如在头脑风暴会时，成果每个部分的内容由负责该部分的人员来介绍，既能保证成果内容较好地表达，又能够提高编制团队人员工作积极性。
④ 由项目负责人征求规划编制团队成员意见后决定初稿成果的专家咨询相关事宜。

本次规划设计成果内容中团队成员无法解决的问题（或疑问），另一方面，专家咨询会也是一次很好的预评审和预汇报，可以借专家咨询会进行一次规划设计成果的第三方评估，以便更好地推进规划设计项目。因此，编制团队要高度重视专家咨询会，在召开咨询会之前应该对需要专家讨论的内容进行系统梳理，以便高效地召开咨询会。

（4）初稿汇报

根据专家咨询会的合理意见和建议，编制团队对旅游规划设计初稿成果进行再一轮的调整和修改，并积极联系旅游规划设计委托方召开初稿汇报会。初稿汇报会一般由项目委托方组织召开，参加人员包括项目委托方的主要决策人员和编制组的核心人员。在汇报过程中，编制团队应尽量突出规划设计成果内容的重点[①]，并通过汇报会后的沟通交流，进一步明确规划方向和内容，并安排好下一阶段的工作。

（二）论证稿编制阶段

1. 主要任务

论证稿是旅游规划设计成果编制团队就规划设计初稿向项目委托方进行汇报后，根据各方面的意见和建议，修改完成的旅游规划设计成果。一般来说，旅游规划设计成果的论证稿包括本次规划设计合同规定的所有成果内容。论证稿在工作时间要求上较初稿长，在内容上要求在初稿基础上，全面完成成果的主体。论证稿阶段是一个旅游规划设计项目的重点阶段，因为通过初稿阶段，旅游规划设计编制团队和规划设计委托方已经就双方对项目的理解进行过较为深入的思想交流，旅游规划设计的目标、工作方向以及内容也都进一步明确，因此，旅游规划设计编制团队本阶段的工作重点是根据相关意见和建议，全面完成规划设计成果。

2. 工作程序

（1）项目讨论会

在完成初稿汇报的基础上，项目负责人应尽快组织规划设计编制团队人员召开项目讨论会，就本次规划设计成果初稿各方面的建议和意见向全体编制团队进行汇

---

① 重点包括目标、定位、战略以及重点产品和项目等委托方关心的核心问题。

报,并针对问题进行交流讨论,并安排下一阶段的工作内容和任务。

(2)成果编制

旅游规划设计成果论证稿编制阶段,项目负责人的工作重点是把握工作方向、组织团队分工明确、集中力量、保质保量地完成包括背景分析、战略目标、定位、功能布局、产品规划、保障服务等方面的完整规划设计成果内容,并随时就最新成果进行内容讨论或与项目委托方进行沟通交流,保证高效开展旅游规划设计编制工作。

(3)专家咨询会

在项目编制团队完成论证稿成果后[①],与规划成果初稿类似,规划设计团队还需要召开专家咨询会就成果进行相关咨询。通过专家咨询会,就本次规划设计编制的难点和重点进行讨论[②]。

(4)成果论证会

根据专家咨询会的合理意见和建议,编制团队对旅游规划设计成果进行再一轮的调整和修改,并积极联系旅游规划设计委托方召开成果论证会。成果论证会参加人员包括项目委托方的主要决策人员和编制团队的核心人员,主要论证本次成果内容的合理性和可操作性,并根据双方对成果内容的意见确定能否进入规划设计评审稿阶段。

(三)评审稿编制阶段

1. 主要任务

评审稿是进行专家评审的旅游规划设计成果。一般来说,旅游规划设计的评审稿除了在内容上需要完整的成果内容外,还要求有较为规范的成果形式,包括本次旅游规划设计的说明书、文本及图件。评审稿阶段在工作时间要求上较短,因此,旅游规划设计编制团队本阶段的工作重点是根据相关意见和建议进行成果调整,并按照相关规范要求制作出规划设计成果。

[①] 由项目负责人征求规划编制团队成员意见后决定初稿成果的专家咨询相关事宜。

[②] 在召开咨询会之前应该对需要专家讨论的内容进行系统梳理,以便高效地召开咨询会。

2. 工作程序

（1）项目讨论会

在确定旅游规划设计成果进入评审阶段后，项目负责人应尽快组织规划设计编制人员召开项目讨论会，就本次规划设计论证稿各方面的建议和意见向全体编制团队进行汇报，并针对问题进行交流讨论，并安排评审工作内容和任务。

（2）成果编制

旅游规划设计成果评审稿编制阶段，项目负责人的工作重点是把握旅游规划设计评审稿的质量和规范，并与项目委托方沟通交流，确定成果评审的相关事宜，如评审时间、评审专家、评审成果形式等。

四、成果评审

（一）评审方式

根据《旅游规划通则》[①] 的相关规定，旅游规划设计成果的文本、图件及附件完成后，由规划设计委托方提出申请，上一级旅游行政主管部门组织评审[②]。旅游规划设计的评审采用会议审查方式[③]。规划成果应在会议召开五日前送达评审人员审阅。旅游规划设计的评审，需经全体评审人员讨论、表决，并有四分之三以上评审人员同意，方为通过。评审意见应形成文字性结论，并经评审小组全体成员签字，评定意见方为有效。

---

① （GB/T 18971—2003）2003年2月24日发布，2003年5月1日实施。中华人民共和国国家质量监督检验检疫总局发布。
② 值得注意的是，很多委托方为非政府机构的旅游规划设计项目，成果评审并不一定由上一级旅游行政主管部门组织评审，而是由委托方自己组织评审或者成果不进行评审。
③ 旅游规划项目评审有时也采用函审方式，即被评审方将相关成果发送给评审专家，评审专家将评审意见以函件形式发送给被评审方。这种方式不需要专门召开会议，有利于节省时间和成本，是值得推广的一种评审方式。

(二) 规划评审人员的组成

旅游发展规划的评审人员由规划委托方与上一级旅游行政主管部门商定；旅游区规划的评审人员由规划委托方与当地旅游行政主管部门协商确定。旅游规划设计评审人员由 5～7 人组成。其中行政管理部门代表不超过 1/3，本地专家不少于 1/3。规划评审小组设组长 1 人，根据需要可设副组长 1～2 人。组长、副组长人选由规划评审组织方与规划评审小组协商产生。评审人员可由经济分析专家、市场开发专家、旅游资源专家、环境保护专家、城市规划专家、工程建筑专家、旅游规划管理官员、相关部门管理官员等组成。

(三) 规划评审重点

旅游规划评审应围绕规划的目标、定位、内容、结构和深度等方面进行重点审议，包括以下十个方面：

（1）旅游产业定位和形象定位的科学性、准确性和客观性。
（2）规划目标体系的科学性、前瞻性和可行性。
（3）旅游产业开发、项目策划的可行性和创新性。
（4）旅游产业要素结构与空间布局的科学性、可行性。
（5）旅游设施、交通线路空间布局的科学合理性。
（6）旅游开发项目投资的经济合理性。
（7）规划项目对环境影响评价的客观可靠性。
（8）各项技术指标的合理性。
（9）规划实施的操作性和充分性。
（10）规划文本、附件和图件的规范性。

链接 5-2

《××县旅游发展总体规划》评审意见

2012 年 4 月 12 日，××县人民政府在县城主持召开《××县旅游发展总体规划》(以下简称《规划》评审会,会议成立了由××省旅游局、××省旅游协会、××大学、××市旅游局、××市林业局等单位专家组成的评审专家组。县政府及县直相关部门领导参加了评审会。与会专家认真勘察现场,详细审读了规划的成果文件,听取了规划编制单位对规划编制方案的汇报,经过充分评议,形成以下评审意见。

1.《规划》技术路线准确,总体思路清晰,功能分区合理,规划内容较为全面,基本符合《旅游规划通则》(GB/T 189—2003)规定的要求,专家组原则同意通过该规划。

2.为进一步完善《规划》,专家组提出以下修改意见。

(1)进一步分析项目在区域大背景中的地位,明确旅游区定位和特色,挖掘提炼地方文化内涵,增强规划的创意性。

(2)进一步与上位规划进行衔接,提高《规划》实施的可行性,完善规划依据,进一步提高数据的可靠性,加强科学分析。

(3)进一步进行文本的完善,增加和完善市场分析、投资分析、社区规划、环保规划、支持系统规划等内容。

(4)进一步策划重点旅游项目,论证发展时序,提出明确的建设步骤。

(5)进一步完善要素规划,增加要素规划的分析内容。

建议规划编制单位根据评审组专家的意见(详见会议纪要),对《规划》进行修改完善,按程序报批实施。

专家组组长:×××
2012 年 4 月 13 日

五、成果报批

旅游规划设计编制完成后,根据国家旅游局《旅游规划通则》的要求,旅游规划设计的文本、图件及附件,经规划设计评审会议讨论通过并根据评审意见修改后,由委托方按有关规定程序报批[①]，以作为旅游开发、建设的依据，为旅游规划提供指导性的方针。

一般来说，涉及到旅游部门审批的主要是旅游发展规划[②]。按照国家旅游局《旅游发展规划管理办法》中的规定，旅游发展规划的编制和审批实行分级制定和审批。具体有以下几种：

（1）全国旅游发展规划，由国家旅游局制定。

（2）地方旅游发展规划由地方各级旅游局编制，在征求上一级旅游局意见后，报同级人民政府批复实施。

（3）国家确定的重点旅游城市的旅游发展规划，在征求国家旅游局和本省（自治区、直辖市）旅游局意见后，由当地人民政府批复实施。

（4）国家确定的重点旅游线路、旅游区发展规划由国家旅游局征求地方旅游局意见后批复实施。

（5）地方各级旅游局可以根据市场需求的变化对旅游规划进行调整，报同级人民政府和上一级旅游局备案，但涉及旅游产业地位、发展方向、发展目标和产品格局的重大变更，须报原批复单位审批。

（6）旅游发展规划经批复后，由各级旅游局负责协调有关部门纳入国土规划、土地利用总体规划和城市总体规划等相关规划。旅游发展规划所确定的旅游开发建设项目，应当按照国家基本建设程序的规定纳入国民经济和社会发展计划。

（7）旅游发展规划上报审批前应进行经济、社会、环境可行性论证，由各级旅游局组织专家评审，并征求有关部门意见。

---

① 旅游规划设计编制完成后，当地旅游部门组织有关专家论证后报同级立法机构或政府批准，同时报上一级旅游管理部门备案，旅游规划设计经批准后实施，各有关部门应认真执行，不得擅自变更。在规划执行过程中，要根据市场环境等各个方面的变化对规划进行进一步的修订和完善。

② 在实际操作中，旅游规划设计中仅有旅游发展规划要进行政府审批，很多旅游规划设计项目并不进行审批，而是在旅游管理部门进行备案即可。更重要的是，很多旅游规划设计项目除了旅游部门规划审批外，需要涉及城建、国土、环保、立项等方面的审批，如风景名胜区内的旅游规划涉及的设施建设都必须由风景名胜区管理部门审批。为了突出本书的主题，于此仅介绍旅游方面的审批制度。

第六章 旅游规划设计的项目管理

一、项目管理的内涵

所谓项目,是指在特定条件下,具有特定目标的、一次性的任务。项目管理是指在项目活动中应用知识、技能、工具和技术以便达到项目要求的过程。项目管理的焦点是确保在时间、经费和性能指标三项限制条件下,尽可能高效率地完成项目任务。

旅游规划设计的项目管理的目的是指旅游规划设计机构通过各种手段优质、高效地完成旅游规划设计编制相关工作[①]。合理、顺畅的旅游规划设计项目管理对于提升机构核心竞争力和品牌形象具有重大意义。规划项目的管理方式与旅游规划设计单位的内部结构单位性质有较大的关系,不同的旅游规划设计单位的项目管理机制有很大不同。但就目前我国旅游规划设计机构而言,多数旅游规划设计项目依然依靠项目负责人的单一化管理方式,项目的随意性较强,既缺乏系统性的管理模式,也没有形成常态化的管理机制,难以保证规划设计的项目质量和有效控制时间、经济成本等。因此,旅游规划设计机构必须建立常态化、制度化的规划设计项目管理模式和机制。

现代旅游规划设计项目管理大体包括了规划设计项目组织管理、项目过程管理、项目质量管理等方面。

二、项目组织管理

一般来说,项目组织管理涉及项目组织管理分工、项目任务分配、项目团队管理三个方面。

---

① 目前,我国旅游规划设计企业的项目管理较为规范有效,而高校、科研单位等事业单位中的旅游规划设计项目管理的水平差异较大。因此,本章主要针对旅游规划设计企业中的项目管理进行讨论。

（一）项目组织管理分工

对于旅游规划设计的项目管理来说，首要任务是明确项目管理的运作机制，也就是明确项目管理的参与部门及其相关职责。一般来说，在旅游规划设计机构内涉及旅游规划设计项目组织管理的部门主要是管理层、项目管理、项目编制及市场拓展四个部门，它们在旅游规划设计项目管理方面各自也有不同的分工。

1. 管理层的管理任务

从项目管理角度来说，旅游规划设计机构的管理层主要负责项目管理机制的设计和监督实施，其中包括项目管理部门的设置，机构内部项目管理流程设计、项目管理职责划分和监督等。

2. 项目管理部门的管理任务

项目管理部门是进行项目管理的主要部门，负责包括项目任务分配、项目立项管理、项目团队管理、项目进度管理、项目质量管理、项目风险管理等在内的一系列工作。

3. 项目编制部门的管理任务

从项目管理角度来说，项目编制部门主要是按照项目管理制度，配合项目管理部门做好相关项目管理工作，推进项目进度、控制项目成本、保证项目质量、降低项目风险等。

4. 市场拓展部门的管理任务

从项目管理角度来说，市场拓展部门主要是按照项目管理制度，配合项目管理部门和项目编制部门推进项目按期履行合同，尤其是通过有效沟通保证项目委托方按照合同付款。

（二）项目任务分配

1. 分配部门

旅游规划设计项目委托合同签订之后，旅游规划设计机构就要在机构内部按照一定的规则进行项目任务的分配[①]。一般来说，规划设计业务量较大，规划编制团队较多的旅游规划设计机构由内部专门的项目管理部门负责项目任务的分配，而规划设计业务量较小，机构内部规划编制团队较少的旅游规划设计机构往往没有专门的项目管理部门，而由机构管理层直接分配。

2. 分配原则

具体而言，各旅游规划设计机构的分配原则根据机构自身特点有很大不同，但一般都遵循以下原则：

（1）专业匹配原则：根据规划编制团队的经验和专业，优先选派与规划设计合同要求较为相符的部门。

（2）地域熟悉原则：依据对规划范围相关情况熟悉的原则选择合适的规划编制团队进行本次规划设计编制工作[②]。

（3）拓展优先原则：优先选择参与本次旅游规划设计项目前期市场拓展的规划设计团队进行本次规划编制工作。

（4）鼓励回款原则：以规划设计团队项目成果编制过程中的回款率为主要依据进行项目团队的选择[③]。

（5）其他原则：对于因特殊需要不公开的项目或没有编制团队提出申请编制的项目，机构必须按照一定规则将项目直接委托到编制团队。

---

① 值得注意的是，旅游规划设计任务在机构内部分配的机制不是每个旅游规划设计单位都涉及到，一些规划设计业务量小、工作人员较少的机构多数情况下因为仅有一个编制团队，因此并不涉及项目分配的相关事宜。
② 如规划编制团队承担过规划范围内或规划范围周边的规划设计工作，对当地情况较为熟悉。
③ 有些机构主要以鼓励回款为原则进行项目分配，同时对于有大量项目任务余额未收回的编制团队，为了引导其尽快完成任务回收余款，项目分配管理部门会适当减少对其新项目的分配。

(三)项目团队管理

旅游规划设计机构对旅游规划设计的项目团队管理主要是通过对旅游规划设计人员的职责划分进行管理的。一般来说,规划设计项目编制团队成员根据职责的不同分为项目负责人、项目技术总监和其他成员。

1. 项目负责人

项目负责人是全面统筹规划设计项目编制工作实施的责任人,主要职责是指导和确定合同签订、督促合同执行。项目负责人的主要职责包括对项目的进度情况、成本费用和质量管理负主要责任;负责安排项目组的工作任务和成果验收;负责向委托方和规划设计机构管理部门提交和汇报相关成果;负责及时组织并参加本项目启动会、头脑风暴会、成果汇报会等相关会议,并负责阶段项目成果、评审意见、客户反馈意见和会议纪要;负责推进项目按照计划执行,对项目出现的问题负责;负责项目商务、内部和外部专家的组织沟通,积极解决项目工作中出现的各类问题;负责对项目组成员进行考核评估,安排绩效分配。

有些旅游规划设计机构在项目实际操作中,除了有项目负责人外,还有一个名义上的项目负责人——项目组长,项目组长名义上是项目负责人,但实际上往往存在一个人同时作为多个项目的项目组长的情况,导致项目组长很难真正全力负责一个项目。

2. 项目总监

项目总监是规划设计成果编制过程中的技术指导人。职责包括负责项目商务工作;负责协助项目负责人与项目委托方进行相关沟通;负责协助项目负责人对项目提出完整的技术解决方案;负责对项目组成员的工作给予技术上的指导、帮助和工作成果鉴定;依据专家评审意见和甲方反馈意见,对项目成果的修改提供具体方案。

3. 编制团队其他成员

除项目负责人和项目技术总监外,旅游规划设计项目编制团队的其他成员一般是具体承担编制工作的成员。主要职责包括按照项目负责人的要求完成相关工作,如规划设计成果某一部分的编制等。

三、项目过程管理

旅游规划设计项目的过程管理是旅游规划设计项目管理的核心。目前较为流行的旅游规划设计项目过程管理模式是"全过程管理"——规划设计机构通过各种机制在项目启动、中期检查、成果鉴定、评审等环节进行全面的流程管理和进度控制，以保障旅游规划设计工作顺利开展。

（一）项目流程管理

规划设计机构内部明确、合理的项目流程管理是保证旅游规划设计项目有效管理的重要机制。良好的项目流程管理有利于加强旅游规划设计机构对项目参与部门的指导和监督，大大提高旅游规划设计项目工作效率和质量，有效降低生产成本，提高规划设计机构的核心竞争力。一般来说，项目流程管理包括了旅游规划设计项目在机构内部制度化的生产流程以及每个环节参与部门的职责。

1. 项目启动阶段流程管理

旅游规划设计项目启动阶段的流程管理主要包括如下方面（见图6-1）：

（1）旅游规划设计机构在对旅游规划设计编制工作进行分配后，承接项目生产任务的团队应首先与机构或项目管理部门明确项目生产的责权利[①]，确定项目负责人。

（2）由项目管理部门协同项目负责人编制本次项目管理计划。旅游规划设计编制工作的现场勘查、资料收集、市场调研、创意研讨、设计方案（或规划提纲）论证、规划（或设计）编制、项目成果评审等核心过程必须在项目管理计划的框架内

---

① 对于将规划设计项目的生产任务进行内部分包的机构，本工作的核心是确定项目编制工作的费用；对于将规划设计项目整体运作的机构不涉及本部分的工作。

进行①。

（3）召开项目启动会，项目负责人主持会议，除规划设计编制团队人员外，涉及项目管理的规划设计机构的领导层、项目管理部门和相关市场拓展人员也应参加会议，并就本次规划设计项目管理方面的事宜进行讨论。

（4）前期准备阶段，项目负责人根据规划设计需要和项目管理计划的有关规定进行实地考察②。旅游规划设计编制团队收集的相关材料均应提交到项目管理部门在机构内部进行备案。

（5）项目负责人在考察调研结束后，结合专家意见及构想，编制详细的考察报告提交机构项目管理部门。考察报告包括：项目基本情况、项目区基本情况、市场趋势、项目特点与设计要求、对方项目关系人的意愿与要求、工作安排存在的问题与对策以及项目管理计划的修改意见。

（6）旅游规划设计项目编制团队报销差旅费，在财务部门和项目管理部门按照程序进行审核报批。

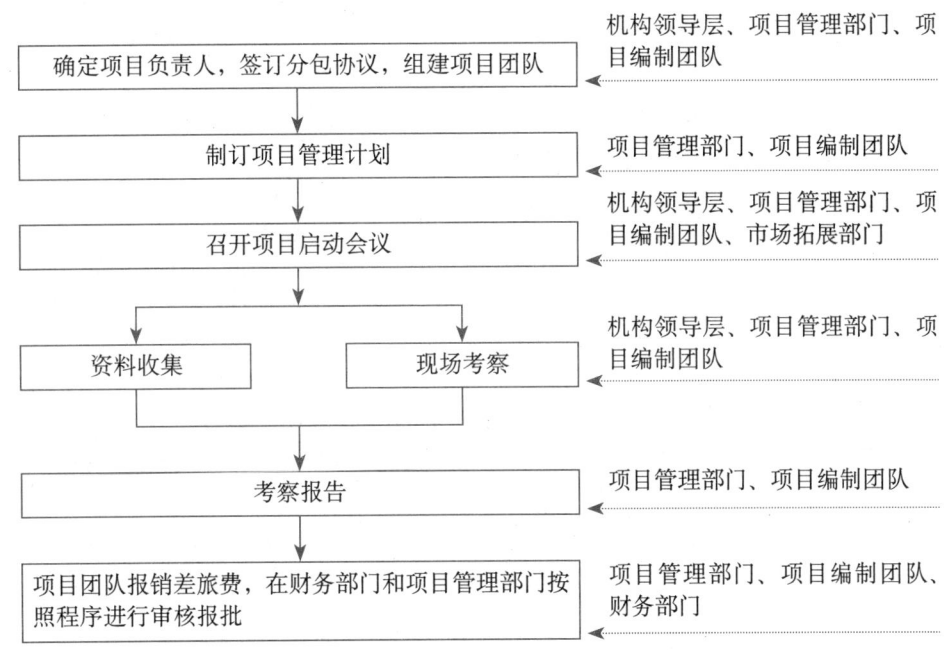

图 6-1 旅游规划设计项目流程管理结构（项目启动阶段）示意图

---

① 项目生产的核心过程应与项目工作计划中的工作分解结构协调一致。
② 考察前应提出实地考察和市场调研方案。

2. 项目编制阶段流程管理

一般来说，旅游规划设计项目编制阶段的流程管理主要包括以下几个方面（见图 6-2）：

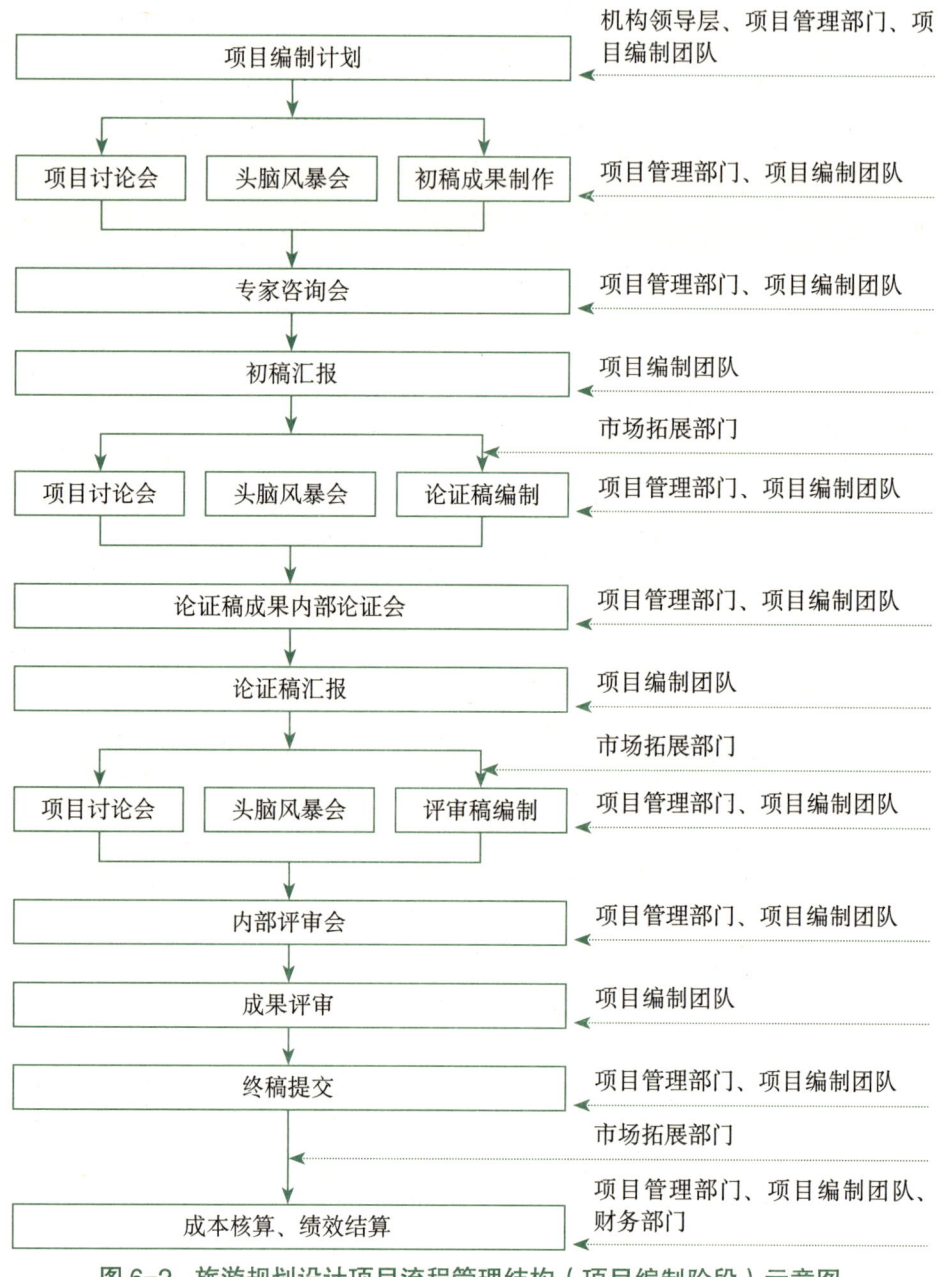

图 6-2　旅游规划设计项目流程管理结构（项目编制阶段）示意图

（1）项目管理部门配合项目编制团队制作项目编制计划，并通过各种机制保障项目编制团队按照编制计划流程逐步、按时推进旅游规划设计项目。

（2）项目管理部门在成果编制过程中，根据实际需要参与成果编制的头脑风暴会、项目讨论会等，代表机构对项目推进进行实时监督和指导。

（3）由项目管理部门组织召开专家咨询会，对旅游规划设计项目编制团队的初稿成果进行论证。

（4）成果汇报后，项目编制团队配合市场拓展部门督促项目委托方按照合同要求进行付款；项目编制团队将项目阶段成果及委托方修改意见报项目管理部门备案。

（5）旅游规划设计项目成果正式评审前，由项目管理部门组织召开项目内部评审会，根据相关意见对成果进行修改，并经专家或机构内部相关部门认可后才能安排成果评审汇报。

（6）评审成果修改完成后，项目管理部门负责对终稿成果进行审查，并按照合同向项目委托方提供打印成果和机构备案。

（7）项目管理部门、财务部门配合项目编制团队进行本次旅游规划设计项目的成本核算和绩效结算。

（二）项目进度管理

进度管理是旅游规划设计机构对旅游规划设计项目时间和成本控制的重要保障。旅游规划设计机构通过制定明确、合理的项目进度内部管理制度，明确相关人员在项目推进方面的责任，保证规划设计编制部门在接受项目任务后，尽快完成工作，对于机构降低成本、提高劳动效率具有重要意义。因此，旅游规划设计机构应设置合理的旅游规划设计项目进度管理机制。具体来说，旅游规划设计机构对于旅游规划设计项目的进度管理要做好以下几个方面的工作：

（1）项目委托方在支付首款后，项目负责人应尽快制订工作计划并按要求提交机构备案，项目负责人全面负责旅游规划设计项目，按照工作计划进度推进工作。

（2）规划设计编制部门负责人负责督促和指导项目负责人按照机构要求和工作计划推进规划设计编制工作[①]。

---

① 项目管理部门配合规划设计编制部门完成本项工作。

（3）旅游规划设计编制工作中出现问题，项目负责人必须及时发现并主动协调解决。如果有项目组长，则项目组长应积极协助项目负责人解决问题①。

（4）机构要形成项目进度管理的责权利机制，对进度出现拖延的项目以及项目进展情况不按规定定期汇报的，追究项目负责人、项目组长等相关负责人的责任。

四、项目质量管理

项目质量管理是旅游规划设计项目管理的核心之一。总体来说，旅游规划设计项目的质量管理要与旅游规划设计机构制定的项目组织管理、流程管理、进度管理等项目管理内容充分协调配合才能有效保证项目质量。仅从项目质量管理角度出发，旅游规划设计机构的项目质量管理应做好如下工作：

（1）建立机构的规划设计项目质量控制体系。一般实行机构内部规划编制团队把关机制与机构质量抽查机制相结合的方式。

（2）机构内部建立内部质量把控机制，包括明确生产制作流程②、质量标准、质量控制责任人，并明确机构内部人员对项目质量承担的相关责任。

（3）建立机构内部预审制度，所有项目在进行阶段成果汇报前进行质量内审，由各规划设计编制部门负责督促完成③。

（4）建立机构项目质量管理奖罚制度，对于项目进展顺利，各阶段回款及时的规划设计团队应给予相应奖励，对规划设计项目质量出现问题的进行处罚。

（5）建立质量管理标准化机制，如为强化机构内部管理，提高人员素质和企业

---

① 因委托方原因造成项目进展出现困难的，项目负责人应及时采取应对策略，并书面向规划设计编制部门负责人和商务人员通报情况；因项目组自身原因造成项目推进出现困难的，项目负责人应及时通报有关领导协调解决；无论何种原因，项目推进中出现的问题都必须及时按照相关要求上报机构并及时反馈处理结果。
② 比较流行的是"全过程质量管理"，主要是指规划设计机构在招标指南设计、竞标、评审、立项、开题、中期检查、成果鉴定、信息公布、成果推广等环节的质量管理。
③ 内审结果报项目管理部门备案。项目负责人和相关市场人员都应参加项目内审会。

文化，提升企业形象和市场份额，增强顾客满意度，树立良好的企业形象，北京某规划设计院申请 ISO9001 质量管理体系认证，取得了较好的成效。

五、其他管理

（一）风险防范机制

旅游规划设计的风险主要来自于商业欺诈及其他不可抗拒因素导致的合同双方不能按照要求履行合同的问题等。因此，旅游规划设计机构必须建立合理的风险防范机制，严格防范相关风险。一般来说，旅游规划设计机构风险防范机制的具体措施包括：

（1）项目编制团队进入现场考察后，应根据项目的复杂度、技术实现难度、项目委托方要求的清晰度等情况对项目的风险进行评估，对于风险较高的项目应及时向机构项目管理部门和机构领导层进行通报。

（2）对于风险较高的项目，项目编制团队应制订风险应对计划，并报项目管理部门和机构领导层。

（3）对于风险较高，且编制团队无法克服的项目，应考虑及早终止合同或变更编制团队。

（二）项目外包管理

在旅游规划设计工作中，由于旅游规划设计机构本身力量难以完成或者工作中涉及专业性较强的内容[1]，大部分的旅游规划设计机构都存在规划设计工作外包的情况，因此，旅游规划设计机构必须有完善的项目外包管理。具体来说，旅游规划设计机构的项目外包管理包括以下内容：

---

[1] 如规划设计效果图制作多数情况下会外包给专业公司制作。

（1）项目外包的申请和审批：项目需要外包的必须提前向机构提交申请，其中需要明确外包部分的需求内容、外包预算、外包成本承担部门以及该项目的整体运作成本预算。

（2）负责项目外包的相关人员必须编制相应预算文件，将预算文件与《项目外包申请》文件一起提交机构财务部门和项目管理部门审核。审核通过后方可与外包方签订外包协议并报机构审核备案。

（3）旅游规划设计机构必须保证外包部门及时将外包项目进展情况上报机构相关部门，实时掌控外包工作内容。

（4）外包项目风险控制。外包合作协议内容要明确外包内容、总金额、进度要求、付款方式和外包承接机构。外包协议金额超过一定金额的，其支付进度条款原则上必须与项目合同甲方支付进度一致，支付金额不得超出规划设计编制部门项目完成总预算。优先选择机构认证过的，或已签署长期合作协议的外包承接机构。

第七章　旅游规划设计机构的品牌营销

一、旅游规划设计机构品牌营销的内涵和意义

品牌营销（Brand Promotion），是指机构塑造自身及产品品牌形象，使广大消费者广泛认同的系列活动过程。品牌营销有两个重要任务：一是树立良好的机构和产品形象，提高品牌知名度、美誉度和特色度；二是最终要将有相应品牌名称的产品销售出去。

在过去的一段时间里，由于我国旅游规划设计机构整体发展期较短，在规划设计机构市场竞争不充分的情况下[①]，品牌营销未得到旅游规划设计机构的充分重视，但随着旅游规划设计市场的竞争日趋激烈，品牌越来越成为机构核心竞争力的重要内容。品牌不仅是企业、产品、服务的标识，更是一种反映机构综合实力和经营水平的无形资产，在市场竞争中具有举足轻重的地位和作用。对于旅游规划设计机构而言，通过运用品牌、操作品牌将机构的旅游规划设计服务销给相应的客户是赢得市场的关键之一。因此，积极开展品牌营销，对于我国旅游规划设计机构在日益激烈的市场竞争中保持持续、快速的发展具有重要意义。

二、品牌营销的内容和组织

（一）品牌营销的内容

总结来说，目前国内旅游规划设计机构品牌营销的内容，主要包括规划设计机

[①] 在旅游规划设计发展初期的一段时间内，旅游规划设计供给与需求有一定的差距，导致市场竞争不充分，但随着旅游规划设计机构的不断增多，旅游规划设计市场竞争已经日趋激烈。

构服务内容、市场影响力和知名度、编制团队、软硬件设施、机构文化等。

1. 服务内容

旅游规划设计机构品牌营销的首要内容是旅游规划设计机构能够提供的相关服务[1]，如旅游产业规划、旅游区规划设计、旅游地产策划、旅游景观建筑设计、乡村旅游、主题公园、温泉旅游、滑雪旅游规划设计、景区投资咨询、市场营销等。

值得注意的是，随着旅游规划设计行业分工精细化愈发明显，为了更好地适应市场形势，旅游规划设计机构应该根据机构的自身特点和发展目标，确定重点客户市场和核心服务，并相应进行品牌营销的重点突破，充分展示旅游规划设计机构在某一方面的品牌优势，避免旅游规划设计服务内容的泛化宣传。

2. 市场影响力和知名度

市场影响力指旅游规划设计机构业务类型的丰富程度、业务量的大小、业务布局范围大小等。知名度主要是旅游规划设计机构在旅游规划设计行业内的信誉度和认知程度，包括品牌知名度、各类荣誉称号等。旅游规划设计机构的市场影响力和行业知名度是旅游规划设计机构实力的重要体现，因此也是旅游规划设计机构品牌营销的重点。

3. 编制团队

旅游规划设计机构的团队也是旅游规划设计机构品牌营销的重要内容，其中包括了专家团队和规划编制团队。一般来说，大多数潜在客户将旅游规划设计机构的专家团队作为判断该机构业务能力和品牌大小的重要内容。

4. 硬件设施和软件

旅游规划设计的硬件、软件等也是机构品牌实力展示的重要内容[2]。硬件设施包括机构的办公场所及其设施，软件主要是指旅游规划设计机构的资质条件，如旅游规划设计资质等级的高低，其他相关资质条件等。

---

[1] 即要让尽可能多的潜在客户知道机构能够提供什么样的服务。
[2] 对于初次接触的客户，机构的软硬件设施是潜在客户判断机构实力的重要内容。

5. 机构文化

机构文化是企业内的群体对外界普遍的认知和态度，是旅游规划设计机构品牌不可缺少的一部分，优秀的机构文化能够营造良好的机构环境，对内能形成凝聚力、向心力和约束力，形成机构发展不可或缺的精神力量；对外能够充分提升旅游规划设计机构的机构形象，从而提高企业的竞争力。

（二）品牌营销的组织

品牌营销的组织是指旅游规划设计机构通过什么方式组织机构品牌营销的运行。高效的品牌营销组织是旅游规划设计机构品牌推广的首要保证，如果一个旅游规划设计机构营销组织效率低，则不仅难以保证旅游规划设计机构品牌的有效推广，而且造成机构运营成本的巨大浪费。总体来说，高效的旅游规划设计机构的品牌营销组织应该包括明确的内部分工、完善的运作制度和合理的投入。

1. 内部分工

明确的内部分工指旅游规划设计机构要有明确的品牌营销内部分工，实行责权利对等的品牌营销机制。如为了有效提高品牌营销的力度，有些旅游规划设计机构专门成立了品牌推广的部门，负责机构各类品牌营销事宜[①]。一般来说，对于较小的旅游规划设计机构，为了有效控制成本，可以安排公司内部员工专职或兼职负责品牌推广事宜，其他部门或人员配合工作的机制。对于较大规模的旅游规划设计机构，可以成立专门的营销部门。

2. 运作制度

旅游规划设计机构确定品牌营销的内部分工后，要制定详细的品牌营销制度，指定负责部门或人员，具体包括品牌策划、推广实施计划等市场营销的运作制度。

---

① 具体负责品牌推广计划和实施、市场信息收集等。

3. 合理投入

对于旅游规划设计机构而言，确定合理的品牌营销费用是品牌营销有效实施的重要保障[①]。一般来说，旅游规划设计机构应根据机构自身实力、业务量、品牌知名度、市场影响力等方面制订合理的营销投入，并列入机构年度投资计划进行实施，争取实现品牌营销的投入产出效益最大化。

三、品牌营销的方法和媒介

（一）推广方法

1. 广告

广告是为了某种特定的需要，通过一定形式的媒体，公开而广泛地向公众传递信息的宣传手段。目前，我国旅游规划设计机构的广告主要是在旅游行业报纸、杂志及相关行业报纸、杂志上投放[②]，广告的内容包括机构的旅游规划设计成果、专家团队、服务内容和机构荣誉等方面。对于旅游规划设计机构的品牌营销来说，广告受众较广，传播速度较快，但广告相关费用成本较高，适合具备一定旅游规划设计实力和业务量较大的旅游规划设计机构[③]。

2. 研究报告或文章

研究报告或文章也是目前国内旅游规划设计机构品牌营销的重要方法，主要是

---

① 这些费用包括广告投放费用、品牌营销人员工资、自身品牌推广平台的维护费用、参加各类展会等方面的费用。
② 也有部分旅游咨询机构在电视、广播上投放广告。
③ 值得注意的是，有些新成立的旅游规划设计机构，为快速打开市场，大量集中投放广告，造成旅游规划设计机构成本压力较大，且由于规划设计实力限制导致旅游规划设计项目推进不顺，长远来看，这种方式的广告对旅游规划设计机构品牌的推广有较大的不利影响。

指旅游规划设计机构员工编写的与旅游规划设计相关的各类公开或内部研究报告①，通过这些研究报告或文章扩大旅游规划设计机构在业内的影响力，从而促进机构的品牌推广。如有些旅游规划设计机构将机构的相关规划设计整理成内部出版的学术或项目介绍杂志，有些机构建立专门的网站或者在机构网站上开设专栏展示机构的研究成果，还有些机构将机构员工的相关研究发表在相关的报纸或杂志上。旅游规划设计机构的研究报告或文章在业内受众广泛，影响较大，容易在业内提高机构的品牌知名度，但需要机构人员投入较大的精力编写研究报告或文章。

3. 口碑

口碑是旅游规划设计机构可持续发展的关键。对于旅游规划设计机构来说，品牌的口碑建立在有形产品和无形服务的基础上。

有形产品是指规划设计项目本身满足客户的需求，品牌营销的前提是产品要有质量上的保证，这样才能得到客户的认可，形成行业口碑。因此，为了赢得市场上的品牌口碑，规划设计机构首先要形成过硬的旅游规划设计能力，做出高水平的工作成果，这是良好行业口碑的基本保证。

除此之外，无形服务是在规划设计的销售、项目编制和售后服务等过程中给客户满意的服务，无形服务对于口碑也有重要的影响。旅游规划设计机构在旅游规划设计项目推进的过程中，不仅要为委托方提供高质量的旅游规划设计产品，同时也要做好项目相关的各项服务工作，如在项目推进过程中，旅游规划设计机构表现出的为委托方考虑的服务意识。

4. 客户维护

客户维护也是旅游规划设计机构品牌营销的重要内容。良好的客户维护是形成口碑的重要手段，也是市场开拓的重要来源。一般来说，旅游规划设计机构的客户维护主要包括两个方面：第一，规划设计的编制方要完善售后服务，重视在旅游规划设计项目之后的建设运营过程中予以指导，通过参与对旅游项目的建设和运营情况的回访等提高客户的满意程度②；第二，旅游规划设计机构的市场推广人员要

---

① 这些研究报告或文章有的是供内部员工学习，有的则在相关报纸、杂志或网络上发表。
② 对规划设计进行持续不断的跟踪、评估，把预测与实际进行对比，有利于不断总结经验教训，提高对规划复杂性和规律性的认识，为培养高层次人才和编制高水平规划积累宝贵的经验。

形成定期的客户联系机制,随时就客户的新需求和旅游规划设计机构的相关服务进行对接。

(二)营销媒介

1. 传统媒体

传统媒体也常被称为平面媒体①,是相对于网络媒体而言的,以传统的大众传播方式即通过某种机械装置定期向社会公众发布信息或提供教育娱乐的交流活动的媒体,包括电视、报刊、广播三种传统媒体。对于旅游规划设计机构而言,目前主要利用与旅游相关的报纸和杂志等传统媒体进行品牌营销。

(1)报纸

报纸主要是指行业的主流媒体——中国旅游报②。中国旅游报是国家旅游局主管,中国旅游行业的全国性平面媒体,是宣传中国旅游业发展方针、政策、法规,传播旅游信息,交流国内外旅游经营管理经验,介绍旅游知识,指导旅游企业经营和旅游消费的权威媒体。类似的行业报纸作为旅游行业的专业性媒体,在旅游行业的覆盖面较广③,专业特色突出,有利于快速推广旅游规划设计机构的品牌。目前,国内众多旅游规划设计机构通过在行业报纸上发布广告和发表研究性文章来推广机构品牌和宣传其服务内容,取得了一定的效果。

(2)杂志

对于旅游规划设计机构的品牌营销来说,杂志类的传统媒体主要包括旅游学术研究类、旅游类等与旅游规划设计相关的杂志。

①旅游学术研究类杂志。如旅游学刊、旅游研究、旅游地理等旅游学术研究类杂志,覆盖面主要为高校及科研单位,旅游规划设计机构在该类杂志上的品牌营销

---

① 这里的平面最初起源于广告界。因为报纸、杂志上的广告都是平面广告。
② 值得注意的是,除了中国旅游报外,与地产相关的报纸也成为近期旅游规划设计机构品牌推广的重点,如中国地产报。
③ 根据中国旅游报公布的数据,其联系和覆盖的单位包括600多家新闻媒体和旅游规划、研究机构;3000多家旅游局和旅游院校;5000多家旅游餐馆和旅游商品经销商;13 500多家星级饭店;18 900多家旅行社;20 000多家旅游景区;100 000多名旅游行政管理和企业经理人员。

主要是以发表研究文章为主①。

②旅游休闲类杂志。如旅游休闲、各类航空杂志等，其特点是覆盖人群多为商务人士②，有利于旅游规划设计机构在推广机构品牌的同时促进市场开发。旅游规划设计机构在该类杂志上的品牌营销主要是以发布广告、介绍机构产品服务内容为主。

③其他杂志。目前，旅游规划设计机构应用较多的其他杂志还包括各类地产杂志、城市规划杂志、景观设计杂志等③。

（3）电视、广播

电视、广播等传统媒体的特点是受众较广，但市场针对性不强，因此，旅游规划设计机构较少投入资金通过电视、广播进行机构的品牌推广。

2. 网络媒介

就目前来看，网络媒介是旅游规划设计机构品牌营销最重要的媒介，主要包括各类旅游网站、规划设计网站和机构自建网站三个方面。

（1）旅游网站

旅游规划设计机构品牌营销涉及的旅游网站主要是指旅游综合类网站，如中国旅游信息网、第一旅游网等网站上会有较多旅游规划设计机构的广告。除此之外，还包括旅游规划设计、旅游投资、旅游休闲游憩等方面的专业网站④。

（2）规划设计网站

主要指一些规划设计类的网站，如规划空间站、中国风景园林网等规划设计类网站，旅游规划设计机构主要是通过会员理事、合作链接等方式进行机构的品牌推广。

（3）机构网站

机构网站主要是指旅游规划设计机构的官方网站，一般包括了机构的案例介绍、

---

① 既可以扩大旅游规划设计机构在潜在客户市场上的品牌知名度，又能提高机构在旅游人力资源市场上的知名度。
② 一般来说，其中包含较多的潜在客户。
③ 由于近年旅游地产类规划设计类项目日益增多，地产开发商也成为旅游规划设计机构重要的客户群，因此，地产类杂志也成为重要的品牌推广媒介。
④ 值得注意的是，许多旅游规划设计机构注册建设的旅游规划设计相关网站，实质是机构自身的旅游营销平台。

团队介绍、服务内容等方面的信息，是旅游规划设计机构最重要的品牌推广方式之一。对于通过机构网站推广品牌来说，最重要的是对机构官方网站的推广，一般是通过主流的网络搜索引擎进行推广，如购买谷歌、百度等搜索网站的旅游规划设计相关关键词的竞价排名①，推广机构品牌。

3. 展览会、交易会

旅游规划设计机构品牌营销涉及的展览会、交易会主要是指旅游行业的各类展会，较为知名的包括中国旅游交易会、中国旅游产业博览会等。旅游规划设计机构通过在展会上独立或联合搭建展台，介绍机构服务内容和业绩进行机构的品牌宣传，如2011年在天津举办的中国旅游产业博览会就专门设置了旅游规划设计机构的展台板块，吸引了国内众多旅游规划设计机构参展。总的来说，各类展览会、交易会在旅游规划设计机构品牌营销方面的优势在于对于旅游规划设计客户市场的针对性强，缺点是参展工作庞杂，成本相对较高。因此，参加展览会、交易会是适合于多数机构业务量较大、具有一定市场影响力的旅游规划设计机构的品牌营销方式。

4. 新媒体

新媒体是相对于传统媒体的概念，主要指云概念、移动互联等新型信息技术影响下的信息传播手段，如博客、微博、微信等。如部分旅游规划设计机构已经通过微博进行宣传，取得较好的效果。总体来说，新媒体技术的优势在于信息的更新速度和传播速度较快，有利于机构动态信息的发布，从而更好地达到机构品牌营销的效果。

---

① 竞价排名是一种付费的网络推广方式。企业在购买该项服务后，通过注册一定数量的关键词，其推广信息就会率先出现在网民相应的搜索结果中。如某企业在百度注册"旅游规划"这个关键词，当消费者在百度搜索"旅游规划"这个关键词时，该企业的信息就会优先出现在搜索结果中，百度按照一定规则进行收费。

第八章 旅游规划设计机构的发展机遇和趋势

一、旅游规划设计机构的发展机遇

（一）中国旅游产业发展趋势

1. 旅游需求持续快速增长

改革开放以来，我国人均 GDP 已经从 1978 年的不足 250 美元增至 2010 年的 4000 多美元，旅游需求快速增长，2010 年我国国内旅游人数已达 21 亿人次，成为世界上最大的国内旅游市场，旅游也成为我国城乡居民生活的基本内容。同时，我国公众假日、休息日（不含带薪休假）等休息时间共 115 天，已达到中等发达国家水平。但目前我国每年人均出游次数只有发达国家的七分之一左右，市场发展空间巨大。预计到 2015 年，我国人均 GDP 将突破 6000 美元，珠三角、长三角和环渤海三大区域的一大批中等以上城市的人均 GDP 则达到中等发达国家水平；我国城镇化率将达到 51.5%，城镇人口将首次超过农村人口，这在中国这样一个农业大国和人口大国，是划时代的历史转折。同时，交通设施的持续改善为国内外游客提供了更加便捷、高效、舒适的旅游旅行条件[1]。由此，必将带动旅游需求的强劲增长，预计到 2015 年，我国国内旅游人数将达到 33 亿人次，到 2020 年将达到 50 亿人次[2]。以现有旅游产品的规模和接待能力而言，旅游产品供给不足的局面将长期存在，旅游规划设计需求将进一步增加。

---

[1] 到 2015 年，我国将新建铁路营业里程 2 万多公里，新建高速公路 3 万多公里，农村公路 40 多万公里，民用机场 50 多个，沿海港口深水泊位 500 多个，投资总量达上万亿元。届时，我国将基本建成国家快速铁路网和高速公路网，初步形成安全高效的综合交通运输体系，快速铁路实现对 50 万人口以上城市的基本覆盖，高速公路实现对 20 万人口以上城市的基本覆盖，民航实现对全国 83% 人口的覆盖。同时，以景区为重点依托的支线公路和支线机场也将加快发展。

[2] 引自中国旅游报《吴文学：旅游景区要成为"两大战略目标"的中流砥柱》，2011 年 12 月 19 日。

2. 旅游产业各方面支持力度不断加大

一是国家层面的支持力度不断加大。"十一五"期间，国务院已将旅游产业明确定位为国民经济的战略性支柱产业和人民群众更加满意的现代服务业。"十二五"时期，国家旅游局将计划投入 20 多个亿的资金重点用于景区厕所、游客服务中心、标识系统等方面的建设。国家发展改革委和国家旅游局正在编制的旅游基础设施建设专项规划，也将旅游公共服务设施建设作为中央预算内投资支持的重点内容之一。农业、文物、林业等部门的相关投入，也都将直接或者间接地增加旅游公共服务设施的建设。二是地方层面的支持力度不断加大。据统计，2011 年仅各省级旅游部门用于旅游项目的资金就达 20 亿元，其中至少 60% 用于旅游景区的投入。三是金融层面的支持力度不断加大。国家旅游局先后与中国银行、中国农业银行、国家开发银行等签署战略合作协议，支持旅游产业发展，仅中国农业银行"十二五"时期对旅游项目的授信额度就达 5000 亿元[①]。

3. 经济发展方式转型

"十二五"时期，我国经济发展将面临外需疲软、内需不振、节能减排形势严峻等不利挑战，经济发展方式转型的压力进一步加大。旅游作为绿色产业和现代服务业的重要领域，整个社会发展旅游、开发景区的热情高涨。但旅游产业发展依然存在很多问题，主要表现在旅游管理体制混乱，旅游法律法规不健全；旅游从业队伍的整体素质有待进一步提高；旅游资源的开发不能完全适应市场发展趋势，旅游资源尚缺乏区域联动机制；旅游消费品品种单一，质量不高等问题。其中，尤其是旅游景区的整体经营管理和服务水平不高，游览环境还有待进一步改善，旅游景区体制发展机制不是很活，产品的整体结构比较单一，滞后于旅游消费群体的分级和分层，休闲度假产品和专项旅游产品比较少且开发水平不高等方面的问题，需要旅游规划设计机构发挥人才、智力优势，以策划、规划和研究为着力点促进旅游产业发展各类问题的解决，保障我国旅游产业持续、快速、健康发展。

---

① 引自中国旅游报《吴文学：旅游景区要成为"两大战略目标"的中流砥柱》，2011 年 12 月 19 日。

(二) 旅游规划设计的发展趋势

根据我国旅游规划设计行业发展现状，结合中国旅游业发展前景和发展特点，未来10年，中国旅游规划行业的发展趋势表现在规划设计需求与规划设计方法的转变。

1. 规划设计需求的转变

从规划设计的项目来源来看，将逐渐从政府主导型项目为主转向政府和企业并重。目前，我国已将旅游业定位为国民经济战略性支柱产业和人民群众更加满意的现代服务业，旅游业具有带动能力大、关联产业多、环保低碳的特点，在我国战略经济转型和可持续发展方面具有重要的意义。除了各地政府发展旅游产业的热情高涨之外，由于受到旅游市场需求持续高涨（尤其是休闲度假等旅游产品）、旅游产品供给持续不足以及宏观经济转型升级的影响，参与旅游行业开发的企业越来越多。因此，旅游规划设计的需求将进一步增大。

从委托机构对规划设计的内容需求来看，旅游规划设计编制趋向"小"而"实"。一方面，对于一些旅游业发展比较快的地区，旅游规划的编制开始变"小"，规划涉及的地域面积变小，如景区规划、度假区规划、发展带规划，涉及的内容也不再是包罗广泛的所谓"总体规划"，更加强调某一方面的专业性规划设计内容，如目的地营销规划、旅游项目设计规划、资源开发保护规划、旅游项目策划创意、旅游线路组织规划、服务接待体系规划、环境与生态保护规划等诸多方面。另一方面，规划制定得更加实用，更多地考虑产品的市场定位、具体的目的地营销推广策略、资源的合理配置、经济增长点的挖掘等，以投入产出率、项目的可操作性和旅游消费市场接受开发程度为第一需求。理论逐渐淡化，描述逐渐减少，市场意识愈加凸显，融科学性、前瞻性、可操作性、创新性为一体的专项旅游规划设计将成为主体。

从委托机构对规划设计机构的职能需求来看，除了要求规划设计机构的专业性更加细分外，同时也要求旅游规划设计机构能够实现建设运营管理投资一体化，规划设计机构除了完成规划设计业务外，还要进一步参与规划设计项目的投融资、后期建设和实施运作等。

2. 规划设计方法的转变

规划方法的转变主要体现在系统规划、综合规划、可持续规划三个方面。

（1）系统规划

旅游规划系统的发展趋势是预见并及时地扩展、修复和调节旅游系统的耦合结构，以维持旅游系统发展所必需的内部稳定性、环境变化适应性，并朝预期的方向发展；指导旅游系统不断地提高内部各因素之间的方向协同性和结构高效性，以增强旅游系统的整体竞争力，加速旅游系统的优化历程。因此，未来的旅游规划设计成果要求旅游规划设计体系更加明晰，从旅游系统发展的顶层设计到项目落地建设、运营管理等方面都需要有清晰的规划层次体系①，不同规划体系的规划目标、工作程序等用来解决旅游产业发展中的各类问题。

（2）综合规划

现代旅游系统是一个涉及多个行业、多个部门的现代社会经济边缘组合系统。随着旅游规划设计的进一步发展，旅游规划设计越来越需要注重综合安排自然生态、社会文化、经济和社会管理等诸多因素，促使它们围绕旅游形成相互配合的整体，以提高旅游系统的组合效率。从单一规划走向综合规划，已成为旅游规划进一步发展的大趋势。因此，对旅游规划设计的专业分工提出了更高的要求，需要有更加详细的旅游规划设计细分类型，如旅游策划、旅游营销、旅游景观、旅游建筑、旅游交通、旅游商品开发等方面都需要有更加专业的技术支持。

（3）可持续规划

可持续发展是未来社会的主流思想，旅游规划也需要注意可持续发展的需求。旅游可持续发展是以保持生态系统、环境系统和文化完整性为前提的，在保持和增加未来旅游发展机会的条件下所实现的旅游发展。旅游可持续发展的内部特征是生态环境压力与社会压力小于旅游系统的承载力，外部特征是增长连续性、系统稳定性和代际公平性。旅游可持续发展战略将不断地内化于旅游规划设计之中，使得规划设计既要考虑现实需求，又要关注未来长期发展需要。能接受环境与社会承受力反馈的规划设计体系，将是旅游规划设计未来发展的大趋势。

---

① 现阶段，我国旅游规划设计最大的问题在于旅游规划设计体系层次的不清晰，有很多项目未做规划，就做设计，造成旅游规划设计质量不高。

二、旅游规划设计机构的发展趋势

（一）旅游规划设计机构的数量不断增加

从旅游规划设计机构的数量上来看，规划设计机构数量增多，竞争加剧。一是国内机构以及专业人才增多。如前所述，我国从事旅游规划编制工作的专业人员已达 2 万多人，参与旅游规划设计的机构达 600 多家。而同一时期，旅游 A 级景区的数量仅为 5500 多家，大约每 10 家 A 级旅游景区就有 1 家旅游规划设计机构。更为重要的是 2006～2011 年，全国旅游规划设计单位的数量年均增长率达 35%[①]，旅游规划设计机构的竞争可见一斑。二是国外专家、组织的参与日益增多，目前已经有多个省级规划由国外规划专家完成，且国外组织和个人参与我国旅游规划设计业务的积极性也日益高涨。可以预见，旅游规划设计的供给增多必然导致竞争加剧。

（二）旅游规划设计机构的队伍构成日趋丰富

从规划设计机构的构成来看，首先，旅游规划设计机构的主体将逐渐从事业单位（如高校和科研单位）转变为具有独立法人的企业。促成这种转变的原因主要是：第一，国家针对事业单位的各类问题将进一步推进事业单位改革[②]，按照相关规划国家将在清理规范基础上完成事业单位分类，承担行政职能事业单位和从事生产经营活动事业单位的改革基本完成，从事公益服务事业单位在人事管理、收入分配、社

---

① 数据来源于对国家旅游局 2005～2011 年公布的旅游规划设计资质单位的数据整理。
② 我国社会事业发展相对滞后，事业单位功能定位不清，政事不分、事企不分，机制不活；公益服务供给总量不足，供给方式单一，资源配置不合理，质量和效率不高；支持公益服务的政策措施还不够完善，监督管理薄弱。

会保险、财税政策和机构编制等方面的改革取得明显进展，管办分离、完善治理结构等改革取得较大突破。因此，从事旅游规划设计的高校、科研机构等事业单位今后开展旅游规划设计业务将进一步受限。第二，旅游规划设计的需求方也更加要求旅游规划设计机构能够全面、专业地投入相关工作，而旅游规划设计企业在这方面具有先天优势。第三，国家旅游规划设计管理部门相关政策也有利于旅游规划设计机构向企业转变。如除了《旅游规划管理办法》、《旅游规划通则》对规划性质及规划内容的规范等外，国家旅游局也将对《旅游规划设计机构资质管理办法》进行进一步调整和修改，对旅游规划提供方的独立法人资格、设计人员从业情况、机构产权明晰等方面提出了更加具体的要求标准和管理方法。其次，除了城市规划、景观建筑等传统行业进入旅游规划设计行业以外，与旅游产业相关的其他各类机构越来越多地进入旅游规划设计队伍之中，如旅游地产投资商[①]、商业咨询、旅游设备制造等行业也纷纷进入旅游规划设计行业。

（三）旅游规划设计机构的专业化分工愈加细密

未来一段时间，旅游规划设计机构的专业细分将进一步加强。一方面，由于旅游规划设计对专业性的要求越来越高，因此对旅游规划设计机构内部专业分工也要求更加明晰。从旅游产业发展的顶层设计到旅游活动策划，从旅游区域规划到旅游建筑单体设计，从旅游景区规划到休闲度假规划，旅游规划设计机构将根据不同层次、不同类型的旅游规划设计内容，进一步提高机构内部生产组织的分工程度以提高生产效率。另一方面，针对旅游规划设计的专业分工更加精细的市场需求，相关规划设计机构的专业细分也日趋明显，将会出现一批专业化程度高、规划设计落地能力强的专项旅游规划设计机构，如主题公园规划设计、休闲农业规划设计、温泉规划设计、旅游地产规划设计、智慧旅游规划设计的专业机构。这类机构关注点较为集中，能够大幅度提高专项旅游规划设计项目的质量和保障落地实施，将会在旅游规划设计竞争市场上占有一席之地。

---

① 如旅游规划乙级资质单位北京中坤塔格旅游景观规划设计有限公司的企业法人为中坤投资集团董事长黄怒波。

（四）旅游规划设计机构的人才结构日益完善

下一阶段，除了传统的旅游学、地理学、城市规划、景观建筑等专业学科人才外，为更好地适应旅游规划设计的发展趋势，建立现代企业制度，旅游规划设计机构在专家队伍、职业经理人、新型旅游管理人才等方面将有进一步的提升。

1. 综合性专家队伍

综合性的旅游规划设计要求一个各有所长的专家组来进行规划设计工作。作为综合性特别强的旅游规划设计，任何一个机构都很难拥有规划设计所需要的全部人才，加之有经验的旅游规划设计专家的供给与高速发展的旅游规划设计业务的需求相比缺口很大，这使得旅游规划设计专家队伍的组织更加困难，进而影响到规划质量和规划水平的提高。但无论如何困难，组织综合性的规划设计专家队伍开展旅游规划设计是旅游规划设计的大趋势。

2. 职业经理人制度

现代企业之间的竞争归根到底是企业制度的竞争[①]。在市场经济条件下，企业处于激烈竞争的环境中，经营面临巨大风险和挑战。企业的竞争压力或决策风险必然由企业的员工，特别是企业的各级管理者承担。管理者不仅应对企业经营管理成效和股东利益负责，也应对企业的全体员工负责。这就要求企业每个岗位的人员，特别是各级管理岗位所配备的人员必须充分发挥其应有的作用，以保证整个企业战略目标的实现。因此，为了实现战略目标，旅游规划设计机构就必须建立以旅游职业经理人制度为主体的现代企业制度。

所谓职业的概念就是以此谋生，精于此业，职业经理人是指在一个所有权、法人财产权和经营权分离的企业中承担法人财产的保值增值责任，全面负责企业经营

---

① 从企业的竞争力看，企业之间的竞争，通常是人才之间的竞争，实际这只是一个表象，企业之间的竞争归根到底是企业制度的竞争，特别是在现实的社会。有先进的企业制度就能凝聚人才、引进人才、稳定人才。

管理，对法人财产拥有绝对经营权和管理权，由企业在职业经理人市场（包括社会职业经理人市场和企业内部职业经理人市场）中聘任，而其自身以受薪、股票期权等为获得报酬主要方式的职业化企业经营管理专家。

长期以来，人才因素一直是制约中国旅游产业发展的瓶颈，尤其是在旅游规划设计、景区管理[①]等方面最为缺乏熟悉业务、充满创新精神和创新能力的管理人员——职业经理人。因此，下一阶段旅游规划设计机构人才结构完善的重点是培养一批旅游规划设计相关的职业经理人，如旅游景区管理职业经理人、旅游规划设计机构职业经理人、旅游饭店职业经理人、旅游地产职业经理人等。

3. 新型旅游管理人才

为满足市场需求，旅游规划设计机构将继续引进和培养一批新型旅游管理人才，包括旅游景观设计、景区运营管理、旅游电子商务、智慧旅游、旅游商品开发、旅游投融资、旅游环境保护、文化旅游开发等方面的专家、学者。

（五）旅游规划设计机构的发展模式不断创新

1. 多元化、集团化的发展战略

新形势下，旅游规划设计机构的发展战略中更加注重多元化、集团化的发展战略，旅游规划设计机构越来越多地通过新建、资产兼并或相关协议等方式，由单一的旅游规划设计经营方式向多种经营方式转化，形成资源共享、优势互补的研发、采购、生产、销售的集团化运作，扩大生产规模，提高企业综合竞争能力，由此实现企业利益最大化的目标。可以预见，未来将涌现出更多地以旅游规划设计为龙头，综合其他相关业务的大型化、综合化的旅游规划设计集团。

[①] 专业性越强的行业，职业化就越强。旅游业经过多年的发展，专业化越来越强；企业制度越完善、越到位，职业化就越强；市场环境越好，职业化的要求也越强；市场竞争越激烈，对管理者的职业化要求就越高。

2. 创新发展模式

未来一个阶段，旅游规划设计机构除了简单地扩大旅游规划设计生产规模以外，都在创新发展模式，培育新的业务增长点。如除了传统的旅游规划设计业务外，个别旅游规划设计院集中力量发展旅游电子商务，有的旅游规划设计院全力开拓景区托管业务，搭建旅游投融资平台等。同时，越来越多的旅游规划设计机构也在加快企业上市融资步伐，进一步促进机构做大做强。

附录一　旅游发展规划管理办法

第一章　总则

第一条　为促进我国旅游产业的健康、持续发展，加强旅游规划管理，提高旅游规划水平，制定本办法。

第二条　编制和实施旅游发展规划，应当遵守本办法。

第三条　编制旅游开发建设规划应当服从旅游发展规划。旅游资源的开发和旅游项目建设，应当符合旅游发展规划的要求。

第四条　旅游发展规划应当坚持可持续发展和市场导向的原则，注重对资源和环境的保护，防止污染和其他公害，因地制宜、突出特点、合理利用，提高旅游业发展的社会、经济和环境效益。

第五条　国家旅游局负责全国的旅游发展规划管理工作；地方各级旅游局负责本行政区域内的旅游发展规划管理工作。

第二章　旅游发展规划的范围

第六条　旅游发展规划是根据旅游业的历史、现状和市场要素的变化所制定的目标体系，以及为实现目标体系在特定的发展条件下对旅游发展的要素所做的安排。

第七条　旅游发展规划应当确定旅游业在国民经济中的地位、作用，提出旅游业发展目标，拟定旅游业的发展规模、要素结构与空间布局，安排旅游业发展速度，指导和协调旅游业健康发展。

第八条　旅游发展规划一般为期限五年以上的中长期规划。

第九条　旅游发展规划按照范围划分为全国旅游发展规划、跨省级区域旅游发展规划和地方旅游发展规划。

第十条　不同层次和不同范围的旅游发展规划应当相互衔接，相互协调，并遵循下级服从上级、局部服从全局的原则。

第三章 旅游发展规划的编制

第十一条 旅游发展规划的编制应当以国民经济和社会发展计划为依据,与经济增长和相关产业的发展相适应。

第十二条 旅游发展规划应当与国土规划、土地利用总体规划、城市总体规划等有关区域规划相协调,应当遵守国家基本建设计划的有关规定。

第十三条 旅游发展规划应当与风景名胜区、自然保护区、文化宗教场所、文物保护单位等专业规划相协调。

第十四条 国家旅游局负责组织编制全国旅游发展规划、跨省级区域旅游发展规划和国家确定的重点旅游线路、旅游区的发展规划;地方旅游局负责编制本行政区域的旅游发展规划。

第十五条 国家旅游局对编制旅游发展规划的单位进行资质认定,并对外公布。

第十六条 编制旅游发展规划应当对国民经济与社会发展、市场前景、资源条件、环境因素进行深入调查,取得准确的基础资料,从市场需求出发,注意生态环境和文化历史遗产的保护和延续,积极采用先进的规划方法与技术手段。

第十七条 旅游发展规划编制的内容、方法和程序,应当遵守国家关于旅游规划技术标准的要求。

第十八条 旅游发展规划应当包括如下基本内容:

(一)综合评价旅游业发展的资源条件与基础条件。

(二)全面分析市场需求,科学测定市场规模,合理确定旅游业发展目标。

(三)确定旅游业发展战略,明确旅游区域与旅游产品重点开发的时间序列与空间布局。

(四)综合平衡旅游产业要素结构的功能组合,统筹安排资源开发与设施建设的关系。

(五)确定环境保护的原则,提出科学保护利用人文景观、自然景观的措施。

(六)根据旅游业的投入产出关系和市场开发力度,确定旅游业的发展规模和速度。

(七)提出实施规划的政策和措施。

第十九条 旅游发展规划成果应包括规划文本、规划图表和附件。规划说明和基础资料收入附件。

第四章 旅游发展规划的审批和实施

第二十条 旅游发展规划实行分级制定和审批。

全国旅游发展规划，由国家旅游局制定。

跨省级区域旅游发展规划，由国家旅游局组织有关地方旅游局编制，征求有关地方人民政府意见后，由国家旅游局审批。

地方旅游发展规划在征求上一级旅游局意见后，由当地旅游局报当地人民政府批复实施。

第二十一条 国家确定的重点旅游城市的旅游发展规划，在征求国家旅游局和本省（自治区、直辖市）旅游局意见后，由当地人民政府批复实施。

国家确定的重点旅游线路、旅游区发展规划由国家旅游局征求地方旅游局意见后批复实施。

第二十二条 旅游发展规划上报审批前应进行经济、社会、环境可行性论证，由各级旅游行政主管部门组织专家评审，并征求有关部门意见。

第二十三条 各级旅游行政主管部门可以根据市场需求的变化对旅游规划进行调整，报所在地人民政府和上一级旅游行政主管部门备案，但涉及旅游产业地位、发展方向、发展目标和产品格局的重大变更，须报原批复单位审批。

第二十四条 旅游发展规划经批复后，由各级旅游行政主管部门负责协调有关部门纳入国土规划、土地利用总体规划和城市总体规划等相关规划。旅游发展规划所确定的旅游开发建设项目，应当按照国家基本建设程序的规定纳入国民经济和社会发展计划。

第二十五条 旅游规划的培训教材、宣传材料等必须符合国家旅游局制定的旅游规划技术规范的要求。

第五章 附则

第二十六条 本办法由国家旅游局负责解释。

第二十七条 本办法自发布之日起施行。

附录二　旅游规划通则

《旅游规划通则》（GB/T 18971—2003）
ICS 03.200

中华人民共和国国家标准
GB/T 18971—2003

旅游规划通则
General specification for tourism planning

2003-02-24 发布　2003-05-01 实施

中华人民共和国国家质量监督检验检疫总局发布

前　言

本标准的附录 A 为资料性附录。

本标准由国家旅游局提出。

本标准由全国旅游标准化技术委员会归口并解释。

本标准主要起草单位：国家旅游局规划发展与财务司、清华大学建筑学院。

本标准主要起草人：魏小安、张吉林、郑光中、杨锐、邓卫、汪黎明、彭德成、潘肖澎、周梅。

引 言

  为规范旅游规划编制工作，提高我国旅游规划工作总体水平，达到旅游规划的科学性、前瞻性和可操作性，促进旅游业可持续性发展，特制定本标准。

  本标准是编制各级旅游发展规划及各类旅游区规划的规范。

  本标准的制定，总结了国内并借鉴了国外旅游规划编制工作的经验和教训，在体现中国旅游规划特色的同时，在技术和方法上努力实现与国际接轨。

旅游规划通则

1 范围

  本标准规定了旅游规划（包括旅游发展规划和旅游区规划）的编制的原则、程序和内容以及评审的方式，提出了旅游规划编制人员和评审人员的组成与素质要求。

  本标准适用于编制各级旅游发展规划及各类旅游区规划。

2 规范性引用文件

  下列标准的条款通过本标准的引用而成为本标准的条款。凡是注日期的引用文件，其随后所有的修改单（不包括勘误的内容）或修订版均不适用于本标准，然而，鼓励根据本标准达成协议的各方研究是否可使用这些文件的最新版本。凡是不注日期的引用文件，其最新版本适用于本标准。

  GB 3095—1996 环境空气质量标准

  GB 3096—1993 城市区域环境噪声标准

  GB 3838 地面水环境质量标准

  GB 5749 生活饮用水卫生标准

  GB 9663 旅游业卫生标准

  GB 9664 文化娱乐场所卫生标准

  GB 9665 公共浴室卫生标准

  GB 9666 理发店、美容店卫生标准

  GB 9667 游泳场所卫生标准

  GB 9668 体育馆卫生标准

GB 9669 图书馆、博物馆、美术馆、展览馆卫生标准

GB 9670 商场（店）、书店卫生标准

GB 9671 医院候诊室卫生标准

GB 9672 公共交通等候室卫生标准

GB 9673 公共交通工具卫生标准

GB 12941—1991 景观娱乐用水水质标准

GB 16153 饭馆（餐厅）卫生标准

GB/T 18972—2003 旅游资源分类、调查与评价

3 术语和定义

下列术语和定义适用于本标准。

3.1 旅游发展规划 tourism development plan

旅游发展规划是根据旅游业的历史、现状和市场要素的变化所制定的目标体系，以及为实现目标体系在特定的发展条件下对旅游发展的要素所做的安排。

3.2 旅游区 tourism area

旅游区是以旅游及其相关活动为主要功能或主要功能之一的空间或地域。

3.3 旅游区规划 tourism area plan

旅游区规划是指为了保护、开发、利用和经营管理旅游区，使其发挥多种功能和作用而进行的各项旅游要素的统筹部署和具体安排。

3.4 旅游客源市场 tourist source market

旅游者是旅游活动的主体，旅游客源市场是指旅游区内某一特定旅游产品的现实购买者与潜在购买者。

3.5 旅游资源 tourism resources

自然界和人类社会凡能对旅游者产生吸引力，可以为旅游业开发利用，并可产生经济效益、社会效益和环境效益的各种事物和因素，均称为旅游资源。

3.6 旅游产品 tourism product

旅游资源经过规划、开发建设形成旅游产品。旅游产品是旅游活动的客体与对象，可分为自然、人文和综合三大类。

3.7 旅游容量 tourism carrying capacity

旅游容量是指在可持续发展前提下，旅游区在某一时间段内，其自然环境、人工环境和社会经济环境所能承受的旅游及其相关活动在规模和强度上极限值的最小值。

4 旅游规划编制的要求

4.1 旅游规划编制要以国家和地区社会经济发展战略为依据，以旅游业发展方针、政策及法规为基础，与城市总体规划、土地利用规划相适应，与其他相关规划相协调；根据国民经济形势，对上述规划提出改进的要求。

4.2 旅游规划编制要坚持以旅游市场为导向，以旅游资源为基础，以旅游产品为主体，经济、社会和环境效益可持续发展的指导方针。

4.3 旅游规划编制要突出地方特色，注重区域协同，强调空间一体化发展，避免近距离不合理重复建设，加强对旅游资源的保护，减少旅游资源的浪费。

4.4 旅游规划编制鼓励采用先进方法和技术。编制过程中应当进行多方案的比较，并征求各有关行政管理部门的意见，尤其是当地居民的意见。

4.5 旅游规划编制工作所采用的勘察、测量方法与图件、资料，要符合相关国家标准和技术规范。

4.6 旅游规划技术指标，应当适应旅游业发展的长远需要，具有适度超前性。技术指标参照本标准的附录A（资料性附录）选择和确立。

4.7 旅游规划编制人员应有比较广泛的专业构成，如旅游、经济、资源、环境、城市规划、建筑等方面。

5 旅游规划的编制程序

5.1 任务确定阶段

5.1.1 委托方确定编制单位

委托方应根据国家旅游行政主管部门对旅游规划设计单位资质认定的有关规定确定旅游规划编制单位。通常有公开招标、邀请招标、直接委托等形式。

公开招标：委托方以招标公告的方式邀请不特定的旅游规划设计单位投标。

邀请招标：委托方以投标邀请书的方式邀请特定的旅游规划设计单位投标。

直接委托：委托方直接委托某一特定规划设计单位进行旅游规划的编制工作。

5.1.2 制订项目计划书并签订旅游规划编制合同

委托方应制订项目计划书并与规划编制单位签订旅游规划编制合同。

5.2 前期准备阶段

5.2.1 政策法规研究

对国家和本地区旅游及相关政策、法规进行系统研究，全面评估规划所需要的社会、经济、文化、环境及政府行为等方面的影响。

5.2.2 旅游资源调查

对规划区内旅游资源的类别、品位进行全面调查，编制规划区内旅游资源分类明细表，绘制旅游资源分析图，具备条件时可根据需要建立旅游资源数据库，确定其旅游容量，调查方法可参照《旅游资源分类、调查与评价》（GB/T 18972—2003）。

5.2.3 旅游客源市场分析

在对规划区的旅游者数量和结构、地理和季节性分布、旅游方式、旅游目的、旅游偏好、停留时间、消费水平进行全面调查分析的基础上，研究并提出规划区旅游客源市场未来的总量、结构和水平。

5.2.4 对规划区旅游业发展进行竞争性分析，确立规划区在交通可进入性、基础设施、景点现状、服务设施、广告宣传等各方面的区域比较优势，综合分析和评价各种制约因素及机遇。

5.3 规划编制阶段

5.3.1 规划区主题确定

在前期准备工作的基础上，确立规划区旅游主题，包括主要功能、主打产品和主题形象。

5.3.2 确立规划分期及各分期目标。

5.3.3 提出旅游产品及设施的开发思路和空间布局。

5.3.4 确立重点旅游开发项目，确定投资规模，进行经济、社会和环境评价。

5.3.5 形成规划区的旅游发展战略，提出规划实施的措施、方案和步骤，包括政策支持、经营管理体制、宣传促销、融资方式、教育培训等。

5.3.6 撰写规划文本、说明和附件的草案。

5.4 征求意见阶段

规划草案形成后，原则上应广泛征求各方意见，并在此基础上，对规划草案进行修改、充实和完善。

6 旅游发展规划

6.1 旅游发展规划按规划的范围和政府管理层次分为全国旅游业发展规划、区域旅游业发展规划和地方旅游业发展规划。地方旅游业发展规划又可分为省级旅游业发展规划、地市级旅游业发展规划和县级旅游业发展规划等。

地方各级旅游业发展规划均依据上一级旅游业发展规划、并结合本地区的实际情况进行编制。

6.2 旅游发展规划包括近期发展规划（3-5年）、中期发展规划（5-10年）或远期发展规划（10-20年）。

6.3 旅游发展规划的主要任务是明确旅游业在国民经济和社会发展中的地位与作用，提出旅游业发展目标，优化旅游业发展的要素结构与空间布局，安排旅游业发展优先项目，促进旅游业持续、健康、稳定发展。

6.4 旅游发展规划的主要内容

6.4.1 全面分析规划区旅游业发展历史与现状、优势与制约因素，及与相关规划的衔接。

6.4.2 分析规划区的客源市场需求总量、地域结构、消费结构及其他结构，预测规划期内客源市场需求总量、地域结构、消费结构及其他结构。

6.4.3 提出规划区的旅游主题形象和发展战略。

6.4.4 提出旅游业发展目标及其依据。

6.4.5 明确旅游产品开发的方向、特色与主要内容。

6.4.6 提出旅游发展重点项目，对其空间及时序作出安排。

6.4.7 提出要素结构、空间布局及供给要素的原则和办法。

6.4.8 按照可持续发展原则，注重保护开发利用的关系，提出合理的措施。

6.4.9 提出规划实施的保障措施。

6.4.10 对规划实施的总体投资分析，主要包括旅游设施建设、配套基础设施建设、旅游市场开发、人力资源开发等方面的投入与产出方面的分析。

6.5 旅游发展规划成果包括规划文本、规划图表及附件。规划图表包括区位分析图、旅游资源分析图、旅游客源市场分析图、旅游业发展目标图表、旅游产业发展规划图等。附件包括规划说明和基础资料等。

7 旅游区规划

7.1 旅游区规划按规划层次分总体规划、控制性详细规划、修建性详细规划等。

7.2 旅游区总体规划

7.2.1 旅游区在开发、建设之前，原则上应当编制总体规划。小型旅游区可直接编制控制性详细规划。

7.2.2 旅游区总体规划的期限一般为10至20年，同时可根据需要对旅游区的远景发展作出轮廓性的规划安排。对于旅游区近期的发展布局和主要建设项目，亦应作出近期规划,期限一般为3至5年。

7.2.3 旅游区总体规划的任务,是分析旅游区客源市场,确定旅游区的主题形象,划定旅游区的用地范围及空间布局,安排旅游区基础设施建设内容,提出开发措施。

7.2.4 旅游区总体规划内容

7.2.4.1 对旅游区的客源市场的需求总量、地域结构、消费结构等进行全面分析与预测。

7.2.4.2 界定旅游区范围,进行现状调查和分析,对旅游资源进行科学评价。

7.2.4.3 确定旅游区的性质和主题形象。

7.2.4.4 确定规划旅游区的功能分区和土地利用,提出规划期内的旅游容量。

7.2.4.5 规划旅游区的对外交通系统的布局和主要交通设施的规模、位置;规划旅游区内部的其他道路系统的走向、断面和交叉形式。

7.2.4.6 规划旅游区的景观系统和绿地系统的总体布局。

7.2.4.7 规划旅游区其他基础设施、服务设施和附属设施的总体布局。

7.2.4.8 规划旅游区的防灾系统和安全系统的总体布局。

7.2.4.9 研究并确定旅游区资源的保护范围和保护措施。

7.2.4.10 规划旅游区的环境卫生系统布局,提出防止和治理污染的措施。

7.2.4.11 提出旅游区近期建设规划,进行重点项目策划。

7.2.4.12 提出总体规划的实施步骤、措施和方法,以及规划、建设、运营中的管理意见。

7.2.4.13 对旅游区开发建设进行总体投资分析。

7.2.5 旅游区总体规划的成果要求

7.2.5.1 规划文本。

7.2.5.2 图件,包括旅游区区位图、综合现状图、旅游市场分析图、旅游资源评价图、总体规划图、道路交通规划图、功能分区图等其他专业规划图、近期建设规划图等。

7.2.5.3 附件,包括规划说明和其他基础资料等。

7.2.5.4 图纸比例,可根据功能需要与可能确定。

7.3 旅游区控制性详细规划

7.3.1 在旅游区总体规划的指导下,为了近期建设的需要,可编制旅游区控制性详细规划。

7.3.2 旅游区控制性详细规划的任务是,以总体规划为依据,详细规定区内建设用地的各项控制指标和其他规划管理要求,为区内一切开发建设活动提供指导。

7.3.3 旅游区控制性详细规划的主要内容

7.3.3.1 详细划定所规划范围内各类不同性质用地的界线。规定各类用地内适建、不适建或者有条件地允许建设的建筑类型。

7.3.3.2 规划分地块,规定建筑高度、建筑密度、容积率、绿地率等控制指标,并根据各类用地的性质增加其他必要的控制指标。

7.3.3.3 规定交通出入口方位、停车泊位、建筑后退红线、建筑间距等要求。

7.3.3.4 提出对各地块的建筑体量、尺度、色彩、风格等要求。

7.3.3.5 确定各级道路的红线位置、控制点坐标和标高。

7.3.4 旅游区控制性详细规划的成果要求

7.3.4.1 规划文本。

7.3.4.2 图件,包括旅游区综合现状图,各地块的控制性详细规划图,各项工程管线规划图等。

7.3.4.3 附件,包括规划说明及基础资料。

7.3.4.4 图纸比例一般为 1/1000～1/2000。

7.4 旅游区修建性详细规划

7.4.1 对于旅游区当前要建设的地段,应编制修建性详细规划。

7.4.2 旅游区修建性详细规划的任务是,在总体规划或控制性详细规划的基础上,进一步深化和细化,用以指导各项建筑和工程设施的设计和施工。

7.4.3 旅游区修建性详细规划的主要内容

7.4.3.1 综合现状与建设条件分析。

7.4.3.2 用地布局。

7.4.3.3 景观系统规划设计。

7.4.3.4 道路交通系统规划设计。

7.4.3.5 绿地系统规划设计。

7.4.3.6 旅游服务设施及附属设施系统规划设计。

7.4.3.7 工程管线系统规划设计。

7.4.3.8 竖向规划设计。

7.4.3.9 环境保护和环境卫生系统规划设计。

7.4.4 旅游区修建性详细规划的成果要求

7.4.4.1 规划设计说明书。

7.4.4.2 图件，包括综合现状图、修建性详细规划总图、道路及绿地系统规划设计图、工程管网综合规划设计图、竖向规划设计图、鸟瞰或透视等效果图等。图纸比例一般为 1/500～1/2000。

7.5 旅游区可根据实际需要，编制项目开发规划、旅游线路规划和旅游地建设规划、旅游营销规划、旅游区保护规划等功能性专项规划。

8 旅游规划的评审、报批与修编

8.1 旅游规划的评审

8.1.1 评审方式

8.1.1.1 旅游规划文本、图件及附件的草案完成后，由规划委托方提出申请，上一级旅游行政主管部门组织评审。

8.1.1.2 旅游规划的评审采用会议审查方式。规划成果应在会议召开五日前送达评审人员审阅。

8.1.1.3 旅游规划的评审，需经全体评审人员讨论、表决，并有四分之三以上评审人员同意，方为通过。评审意见应形成文字性结论，并经评审小组全体成员签字，评定意见方为有效。

8.1.2 规划评审人员的组成

8.1.2.1 旅游发展规划的评审人员由规划委托方与上一级旅游行政主管部门商定；旅游区规划的评审人员由规划委托方协商当地旅游行政主管部门确定。旅游规划评审组由 7 人以上组成。其中行政管理部门代表不超过 1/3，本地专家不少于 1/3。规划评审小组设组长 1 人，根据需要可设副组长 1～2 人。组长、副组长人选由委托方与规划评审小组协商产生。

8.1.2.2 旅游规划评审人员应由经济分析专家、市场开发专家、旅游资源专家、环境保护专家、城市规划专家、工程建筑专家、旅游规划管理官员、相关部门管理官员等组成。

8.1.3 规划评审重点

旅游规划评审应围绕规划的目标、定位、内容、结构和深度等方面进行重点审议，包括：①旅游产业定位和形象定位的科学性、准确性和客观性；②规划目标体系的科学性、前瞻性和可行性；③旅游产业开发、项目策划的可行性和创新性；④旅游产业要素结构与空间布局的科学性、可行性；⑤旅游设施、交通线路空间布局的科学合理性;⑥旅游开发项目投资的经济合理性;⑦规划项目对环境影响评价的客观可靠性;⑧各项技术指标的合理性;⑨规划文本、附件和图件的规范性;⑩规划实施的操作性和充分性。

8.2 规划的报批

旅游规划文本、图件及附件,经规划评审会议讨论通过并根据评审意见修改后,由委托方按有关规定程序报批实施。

8.3 规划的修编

在规划执行过程中,要根据市场环境等各个方面的变化对规划进行进一步的修订和完善。

附录三　旅游规划设计机构资质等级认定管理办法

第一条　为了提高旅游规划设计水平，规范旅游规划设计单位资质等级认定工作，根据国家旅游局《旅游发展规划管理办法》，特制定本办法。

第二条　凡在中华人民共和国境内注册，从事旅游规划设计业务的独立法人，均可申请旅游规划设计单位资质等级。

从事旅游规划设计业务是指：编制各级旅游发展规划，包括全国旅游发展规划、区域旅游发展规划、地方各级旅游发展规划；编制各类旅游专项规划，包括旅游景区规划、景观设计、活动策划、营销策划、资源开发方案等；提供与旅游规划设计相关的其他服务。

第三条　旅游规划设计单位资质等级分为甲级、乙级和丙级。

第四条　旅游规划设计单位资质等级的认定，遵循自愿申报、属地管理、分级负责的原则。

第五条　国家旅游局负责制定旅游规划设计单位资质等级认定管理办法，负责对全国旅游规划设计单位资质等级认定工作进行监督管理。

第六条　国家旅游局组织设立全国旅游规划设计单位资质等级认定委员会，负责全国旅游规划设计单位资质等级认定工作的组织和管理。

各省级旅游行政管理部门组织设立省级旅游规划设计单位资质等级认定委员会，并报全国旅游规划设计单位资质等级认定委员会备案。省级旅游规划设计单位资质等级认定委员会根据全国旅游规划设计单位资质等级认定委员会的委托，负责本辖区内的旅游规划设计单位资质等级认定工作的组织和管理。

第七条　全国旅游规划设计单位资质等级认定委员会负责甲级和乙级资质的认定和复核；根据资质等级认定需要，对甲级和乙级资质单位的旅游规划设计成果进行评价。

各省级旅游规划设计单位资质等级认定委员会负责本地区丙级资质单位的认定

和复核；负责向全国旅游规划设计资质等级认定委员会推荐本地区符合条件的甲级和乙级资质单位，并协助全国旅游规划设计单位资质等级认定委员会对本地区甲级和乙级资质单位进行成果评价。

第八条　申请甲级、乙级资质的旅游规划设计单位，须向所在地省级旅游规划设计单位资质等级认定委员会提出申请，由该委员会初审通过后，向全国旅游规划设计单位资质等级认定委员会推荐申报。丙级资质旅游规划设计单位由省级旅游规划设计单位资质认定委员会直接认定，并报全国旅游规划设计单位资质等级认定委员会备案。

第九条　甲级资质旅游规划设计单位应满足下列要求：

（一）获得乙级资质一年以上，且从事旅游规划设计三年以上；

（二）规划设计机构为企业法人的，其注册资金不少于100万元人民币；规划设计机构为非企业法人的，其开办资金不少于100万元人民币；

（三）具备旅游经济、市场营销、文化历史、资源与环境、城市规划、建筑设计等方面的专职规划设计人员，其中至少有五名从业经历不低于三年；

（四）完成过省级以上（含省级）旅游发展规划，或至少完成过五个具有影响的其他旅游规划设计项目；

（五）项目委托方对其成果和信誉普遍评价优秀。

第十条　乙级资质旅游规划设计单位应满足以下要求：

（一）从事旅游规划设计一年以上；

（二）规划设计机构为企业法人的，其注册资金不少于50万元人民币；规划设计机构为非企业法人的，其开办资金不少于50万元人民币；

（三）具备旅游经济、市场营销、文化历史、资源与环境、城市规划、建筑设计等方面的专职规划设计人员，其中至少有三名从业经历不低于三年；

（四）至少完成过三个具有影响的旅游规划设计项目；

（五）项目委托方对其成果和信誉普遍评价良好。

第十一条　丙级资质旅游规划设计单位应满足下列要求：

（一）从事旅游规划设计一年以上；

（二）规划设计机构为企业法人的，其注册资金不少于10万元人民币；规划设计机构为非企业法人的，其开办资金不少于10万元人民币；

（三）具备旅游经济、市场营销、文化历史、资源与环境、城市规划、建筑设

计等方面的专职规划设计人员,其中至少有一名从业经历不少于三年;

(四)至少完成过一个具有影响的旅游规划设计项目;

(五)项目委托方对其成果和信誉普遍评价好。

第十二条 旅游规划设计单位资质等级每两年复核一次。复核通过的,换发新的资质等级证书;复核未通过的,由具有相应权限的资质等级认定机构作出撤销或降低资质等级的决定。被撤销资质等级的旅游规划设计单位,一年内不得重新申请资质认定。

第十三条 取得资质等级的旅游规划设计单位有下列情形之一的,由具有相应权限的资质等级认定机构撤销其资质等级:

(一)违反法律法规被追究法律责任的;

(二)违反旅游行业管理规定造成恶劣影响的;

(三)转让资质等级证书的;

(四)旅游规划设计单位变更名称,未报原认定单位备案的。

第十四条 有下列情形之一的旅游规划设计资质等级单位,降低其资质等级:

(一)违反旅游行业管理规定造成不良影响的;

(二)项目委托方评价普遍较差的;

(三)资质条件发生变化达不到原等级要求的。

第十五条 各级旅游规划设计单位资质等级证书由全国旅游规划设计单位资质等级认定委员会统一印制,由认定单位颁发。

第十六条 旅游规划设计资质等级单位变更名称,应报原认定单位备案,并换发新的旅游规划设计单位资质等级证书。

第十七条 旅游规划设计资质单位的规划设计文本和图件,须注明资质等级和批准证书编号。

第十八条 本办法由国家旅游局负责解释。

第十九条 本办法自下发之日起施行,二〇〇〇年十一月二十二日发布的《旅游规划设计单位资质认定暂行办法》同时废止。

附录四　某旅游规划设计有限公司管理制度

某旅游规划设计有限公司管理制度一览表

序号	制度类别	制度名称
1	财务类	固定资产管理办法
2		无形资产管理办法
3		会计核算管理办法
4		资金管理办法
5		差旅费管理办法
6		费用报销管理办法
7		招待费管理办法
8	人资类	员工手册
9		员工招聘管理办法
10		员工异动管理办法
11		员工考勤管理办法
12		员工请休假管理办法
13		员工档案管理办法
14		劳动合同管理办法
15		员工奖励与处罚管理办法
16		员工培训管理办法
17		员工福利管理办法
18	行政类	印章管理办法
19		档案管理办法
20		办公用品管理办法
21		公务接待管理办法
22		安全保卫管理办法
23	合同类	合同、协议会审制度
24		合同违约及纠纷处理办法
25		合同专用章管理办法

固定资产管理办法

第一章 总则

第一条 为加强固定资产管理，确保固定资产的安全与完整，实现账、物、卡相符，增、减、移有序的管理目标，依据《企业会计准则》，制定本办法。

第二条 本办法中的固定资产是指企业使用期限超过一年的房屋、建筑物、机器、机械、运输工具以及其他与生产、经营有关的设备、器具、工具等。

第三条 固定资产管理原则：

（一）效益性原则。固定资产管理须以提高利用率，发挥资产使用效能，提高经济效益为目标；

（二）规范性原则。按规定的标准和程序管理固定资产，做到核算准确、管理有序。

第二章 固定资产购置

第四条 公司购置固定资产须严格执行《计划管理制度》，并按规定程序组织采购。

第五条 固定资产购置执行公司审批制。

购置新资产替换现有资产的，须对原有资产有明确处置方案，并严格按公司审批意见及时处置。

第六条 固定资产购置资金不超计划的，按计划采购；购置资金超计划的，须经公司审批。

第七条 未列入购置计划的，购置固定资产须经公司审批。

第三章 固定资产验收

第八条 新购置或调入的固定资产，按"谁使用、谁负责"的原则确定验收主体，并经验收合格后方可入账和投入使用。

第九条 房屋及建筑物类固定资产的验收，须对设计、施工图纸及相关文件、土地证、产权证一并验证，验证有效的，相关证件移交公司管理。

第十条 设备类固定资产验收，须对设备说明书、技术服务协议、安装、试运行技术标准及备品、备件后续供应事项一并审核，验收文件资料由企业设备管理部门建档管理。

第十一条 自制、接受捐赠的固定资产根据类别，按上述规定验收。

第十二条 固定资产验收合格后，按公司《财务管理制度》进行账目处理，相关技术数据录入固定资产信息管理系统，建立固定资产财务账目和实物账目，确保价值与实物账目相符、名称规范、项目对应、编号一致。

第四章 固定资产保管与维护

第十三条 固定资产须由专门的部门管理，固定资产验收合格后由管理、使用和财务部门及时办理相关手续，并由管理或使用人员设置"固定资产卡片"进行实物管理，定期与财务部门核对账目，保持账、卡一致。

第十四条 房屋、建筑物类固定资产须定期进行必要的维护，对重新建筑施工部分进行质量检查和验收，并做好记录。

第十五条 设备类固定资产须定期进行维护、保养，以保持设备处于正常运转状态。

第十六条 固定资产使用、维护、保管须有记录。公司定期对固定资产的使用、维护和保管情况进行检查，并形成检查记录和报告。

第十七条 固定资产中的房屋、建筑物、交通运输工具、重要的机械设备须办理保险，并到公司指定的保险公司办理。在使用、保管过程中发生损失、事故等，须及时报告公司，同时向承保的保险公司办理索赔事宜。

第五章 固定资产盘点

第十八条 公司财务部每年至少组织一次固定资产盘点，相关部门参与具体工作实施。盘点记录须包括但不限于单位名称、资产名称、品牌、型号、数量、购置日期、原值、净值、资产状况、盘点人员签名和日期。

第十九条 固定资产盘点后，盘点部门须将盘点总结上报公司审核备案。

第二十条　固定资产盘点工作中出现盘盈、盘亏及闲置资产，盘点单位须单独以书面报告的形式说明原因。

第六章　固定资产调拨

第二十一条　根据需要，按照"互通有无、优化配置、规范运作"的原则，公司内部可互相调拨固定资产。

第二十二条　固定资产调拨须经公司审批，调出、调入单位的财务部门依据调拨单和相关手续，进行账务处理。

第二十三条　公司内部调拨固定资产，调入单位按该固定资产原值、折旧和净值持续进行核算。

第二十四条　外部清欠、抵账等原因调入的固定资产，入账时须判断该项固定资产是否需要计提减值准备，待资产处理时再对发生的损失进行一次性账务处理。

第七章　固定资产出租

第二十五条　闲置固定资产可对外出租，出租资产要经过充分的财务、技术论证，并报公司审批。

第二十六条　在续租前，须做好市场调研，及时调整租金。

第二十七条　固定资产出租须签订正式合同，明确固定资产保管与保全责任、租金、出租期限及相应的赔偿责任。

第二十八条　固定资产管理部门须妥善管理固定资产出租合同，跟踪合同执行情况，对出现的或潜在的固定资产损失，须及时采取相应措施，维护公司利益。

第二十九条　出租的固定资产在交付或收回时，须严格履行检查和清点程序，并做好交接记录。

第八章　固定资产处置

第三十条　闲置固定资产须及时处置，在资产确认闲置后两个月内由资产所属部门提出拟处理意见，报公司审批后处置。

第三十一条 闲置固定资产处置价格一般不得低于账面净值。以抵账形式处置房屋、车辆的，由公司组织专业部门进行评估，处置价格一般不得低于评估价格。

第三十二条 无法修理、无修复价值或废弃不用的固定资产，须由专业部门进行报废鉴定和处置价值评估，审批后处置。

第三十三条 提前报废的固定资产须按照税法相关规定上报税务部门备案。

第三十四条 固定资产报废处置后，相关部门须及时核销固定资产账目、卡片及档案数据。

第九章 罚则

第三十五条 未按本制度执行的，公司有权对相关责任人予以经济处罚和行政处分，直至追究法律责任。

第十章 附则

第三十六条 本制度由公司股东会负责解释。

无形资产管理办法

第一章 总则

第一条 为规范无形资产管理，对公司在经营无形资产过程中实施有效的监督和调控，提高无形资产的经济效益与社会效益，实现无形资产的保值和增值，防止无形资产流失，根据国家相关规定和公司《财务管理制度》，制定本规定。

第二条 本规定所指无形资产为公司拥有或者控制的没有实物形态的可辨认非货币性资产，包括专利权、非专利技术、商标权、著作权、土地使用权、特许权、商誉等。

第二章　无形资产的确认与计量

第三条　公司外购、自创形成的无形资产及通过接受捐赠、调拨形式取得的无形资产，以及依据国家法律法规界定为公司所有的无形资产，所有权均属公司。

第四条　资产产生的经济利益可被证实流入企业，并能在评估中合理估计和确认。

第五条　无形资产按形态和性质分为可辨认无形资产和不可辨认无形资产，具体包括以下内容：

（一）知识型：专利技术、驰名商标、计算机软件；

（二）权利型：土地使用权、规划设计权、地质勘探权、现场考察权；

（三）行为权利型：建筑与设施的设计；

（四）资源型：商誉权、人力资源权；

（五）外购型：专利权、商标权、技术秘密和各种特许权；

（六）投入型：专利权、商标权、厂商名称、技术秘密和各种特许权；

（七）有期限：发明专利权的期限为二十年、实有新型专利权和外观设计专利权的期限为十年、著作权的期限为作者终生及死后五十年、合同规定的年限、租赁权；

（八）无期限：商誉权、技术秘密、商标权虽然规定有效期为十年，只要企业不放弃其权益，可以多次续展，成为永久无形资产；

（九）法定型：专利权、商标权、著作权；

（十）公司内部无形资产的界定：冠名权、图形、徽标、形象标识、配方、企业名称、品牌。

第六条　无形资产计价遵循历史成本原则，企业按购入方式采取两种计价方法：

（一）单独购入的，按买价（含进口税和不能退还的购货税款）、法律服务费、中介机构的评估费计价；

（二）无形资产随同其他资产一同购入的，按无形资产和其他资产的公允价值相对比例确定。

第七条　无形资产根据来源不同，按以下标准进行确认及初始核算：

（一）购入无形资产，应以实际支出的总价款作为入账价值，包括价款、律师费、评估费等支出；

（二）投资者投入的无形资产，应以投资各方协议的价值作为入账价值；

（三）接受捐赠的无形资产，应按捐赠方提供的有关凭据金额或评估价值加上应支付的相关税费确定；

（四）通过债务重组取得的无形资产，应按债务人的账面价值作为其入账价值；

（五）通过非货币性交易取得的无形资产，其入账价值按换出资产的账面价值，加上应支付的相关税费确定；

（六）自主开发并依法申请取得的无形资产，其入账价值按依法取得时发生的注册费、律师费、实验费等费用确定；

（七）无形资产在确认后发生的支出，不再增加无形资产的账面价值。

第三章　无形资产管理

第八条　无形资产实行专业管理，公司办公室为知识、权利型无形资产的主管部门、公司财务部为公司无形资产价值的主管部门。

第九条　无形资产使用部门负责无形资产日常管理，建立并登记无形资产使用台账（备查账），报告无形资产日常使用情况。

第十条　公司相关部门按专业对企业无形资产管理进行监管：

（一）协助企业办理无形资产的产权确认手续，明晰产权关系；

（二）公司相关部门审核企业无形资产的增加、调剂和处置等报批手续，报公司审批，并督促企业建立无形资产管理台账；

（三）公司办公室、财务部不定期对企业无形资产进行清查，防止无形资产流失；

（四）财务部对公司无形资产的财务核算包括建账、记账、归档等账务处理工作，进行统一监督和定期指导；

（五）财务部对企业无形资产的增加、使用情况进行监管，公司相关部门进行定期清查盘点；

（六）公司办公室对侵权的单位、个人提出处理意见，配合有关部门依法维护公司权益。

第四章　无形资产处置程序

第十一条　无形资产处置主要包括公司对无形资产成果的开发利用、产权（含所有权、使用权)实施经营、转让、投资、出租、减值等行为。

第十二条 无形资产处置须按以下程序进行:
(一)由专业评估小组和中介评估机构对该项无形资产进行评估定价;
(二)使用部门根据考察和论证情况提出申请处置报告;
(三)主管部门组织进行技术鉴定和确定价值;
(四)股东会审议批准。

第十三条 无形资产转让投资、对外出租的处置价格不得低于评估值。

第十四条 主管部门应对分管的无形资产进行检查,发现问题及时处理、上报,每年进行一次盘查。

第十五条 以无形资产对外投资,须严格办理各项审批手续,明确产权关系,实施产权管理。

第十六条 无形资产超过有效期限时,主管部门须在一个月内对无形资产进行重新确认,并做出结论性报告,上报股东会审议。

第五章 无形资产的清查和报告

第十七条 公司须建立健全无形资产清查制度,每年年度终了进行一次全面的清查盘点,并根据需要不定期地进行全面或局部清查。对盘盈、盘亏的无形资产应及时查明原因,分清责任,并按规定作出处理。

第十八条 定期对无形资产的账面价值进行检查。对无形资产的可收回金额进行预测并登记无形资产的备查账簿,计提减值准备,并在资产报告中予以指明:
(一)该项无形资产已被其他新技术等替代,使其为企业创造利益的能力受到重大不利影响;
(二)有充足的理由确信该无形资产的价值大幅下跌,在以后的年限内不会恢复;
(三)某项无形资产已超过法律保护期限,但仍然具有部分使用价值;
(四)其他足以表明某项无形资产实质上已经发生了减值的情形。

第十九条 公司须建立无形资产风险防范机制,掌握无形资产的使用和运营情况,及时对无形资产的存量、状态等作出报告。对损害无形资产的重大事件,须及时上报主管部门。

第六章 无形资产账务处理

第二十条 财务部门按照财务制度要求，设置无形资产账簿（总分类、分户明细账）和卡片。

第二十一条 明细账簿须反映各类无形资产数量和金额；无形资产卡片应包括登记名称、有关证书编号、有效期限和资产编号等内容，由使用人员签字。

第二十二条 财务管理人员须定期对账，确保账账、账实相符。

第七章 罚则

第二十三条 未按本规定执行的，公司有权对相关责任人给予相应的经济处罚、行政处分，直至追究法律责任。

第八章 附则

第二十四条 本规定由公司股东会负责解释。

会计核算管理办法

第一章 总则

第一条 为加强公司财务管理，规范会计核算业务，根据国家《会计基础工作规范》和《企业会计准则》，制定本办法。

第二条 本办法是制定会计基础工作条例、办法和操作细则的基本依据。

第二章 会计机构和会计人员

第三条 公司须根据会计业务的需要，设置会计机构，配备会计机构负责人。

会计机构负责人和会计人员的任免要符合《中华人民共和国会计法》和有关法律的规定；会计机构负责人的任免、调动须经公司批准；会计人员的增减变动须及时报公司审批。

第四条 会计人员须持证上岗，未取得《会计从业资格证书》的人员不得从事财会工作。

第五条 公司根据会计业务的需要设置会计工作岗位。工作岗位可以一人一岗，一人多岗或者一岗多人，但出纳人员不得兼管稽核、会计档案保管和收入、费用、债权债务账目的登记工作。

第六条 会计人员须有计划地进行岗位轮换，一人连续担任一个岗位的财会工作时间不得超过三年。

第七条 会计人员须具备必要的专业知识和专业技能，熟悉国家有关法律法规和国家统一会计制度，遵守职业道德。

第八条 会计人员应熟悉本公司的生产经营和业务管理情况，运用掌握的会计信息和会计方法，为改善单位内部管理、提高经济效益服务。

第九条 会计人员须保守本企业商业秘密。除法律规定和公司领导同意外，不能私自向外界提供或泄露企业会计信息。

第十条 会计人员工作调动或者因故离职，须将本人经管的会计工作全部移交给接替人员，没有办清交接手续的，不得调动或者离职。

财务负责人须进行任期经济责任审计，否则不得办理工作调动或离职手续。

第十一条 会计人员应按照有关规定参加会计业务培训。

第三章　会计核算原则

第十二条 会计核算须遵循以下基本原则。

（一）衡量会计信息质量的一般原则：

1．客观性原则。会计核算须以实际发生的交易或事项为依据，如实反映企业的财务状况、经营成果和现金流量。

2．相关性原则。提供的会计信息须能够反映企业的财务状况、经营成果和现金流量，以满足会计信息使用者的需要。

3．一贯性原则。会计核算方法前后各期要保持一致，不得随意变更。

4．可比性原则。会计核算须按照规定的会计处理方法进行，会计指标须口径一致、相互可比。

5．及时性原则。会计核算须及时进行，不得提前或延后。

6．明晰性原则。会计核算和编制的财务会计报告须清晰明了，便于理解和利用。

（二）确认和计量的一般原则：

1．权责发生制原则。凡是当期已经实现的收入和已经发生或须负担的费用，不论款项是否收付，都须作为当期的收入和费用；凡是不属于当期的收入和费用，即使款项已在当期收付，也不应作为当期的收入和费用。

2．配比性原则。进行会计核算时，同一会计期间内的各项收入和与其相关的成本、费用，须在该会计期间内确认。

3．计量属性的应用原则。对会计要素进行计量时，一般应当采用历史成本，采用重置成本或可变现净值、现值和公允价值计量的，须保证所确定的会计要素金额能够取得并可靠计量。除法律、法规和规章另有规定外，企业一律不得自行调整其账面价值。

4．划分收益性支出与资本性支出原则。凡支出的效益仅及于本年度（或一个营业周期）的，须作为收益性支出；凡支出的效益及于几个会计年度（或几个营业周期）的，须作为资本性支出。

（三）起修正作用的一般原则：

1．谨慎性原则。在进行会计核算时，不得多计资产或收益、少计负债或费用，但不得计提秘密准备。

2．重要性原则。在会计核算过程中对交易或事项须区别其重要程度，采用不同的核算方式。

3．实质重于形式原则。按照交易或事项的经济实质进行会计核算，而不应仅仅按照它们的法律形式作为会计核算的依据。

第四章　原始凭证处理

第十三条　发生下列事项须及时办理会计手续、进行会计核算：

（一）款项和有价证券的收付；

（二）财物的收发、增减和使用；

（三）债权债务的发生和结算；

（四）资本、基金的增减；

（五）收入、支出、费用、成本的计算；

（六）财务成果的计算和处理；

（七）其他需要办理会计手续、进行会计核算的事项。

第十四条　凡足以证明会计事项发生及其经过的单据，并可以据此编制记账凭证的，无论从外部取得或自制，均为原始凭证。原始凭证须具备下列条件：

（一）原始凭证的内容必须具备：凭证的名称；填制凭证的日期；填制凭证单位名称或者填制人姓名；经办人员的签名或者盖章；接受凭证单位名称；经济业务内容；数量、单价和金额。

（二）从外单位取得的原始凭证，必须盖有填制单位的公章及财务章；从个人取得的原始凭证，必须有填制人员签名或者盖章。自制原始凭证必须有经办企业总经理或者其指定人员签名或者盖章。对外开出的原始凭证，必须加盖本单位公章及财务章。

（三）凡填有大写和小写金额的原始凭证，大写与小写金额必须相符。购买实物的原始凭证，必须有验收证明。支付款项的原始凭证，必须有收款单位和收款人的收款证明。

（四）发生销货退回的，除填制退货发票外，还必须有退货验收证明；退款时，必须取得对方的收款收据或者汇款银行的凭证，不得以退货发票代替收据。

（五）员工公出借款凭据，必须附在记账凭证之后。收回借款时，须另开收据或者退还借据副本，不得退还原借款收据。

（六）经上级有关部门批准的经济业务，要将批准文件作为原始凭证附件。如果批准文件需要单独归档，须在凭证上注明批准机关名称、日期和文件字号。

不具备上述条件的原始凭证视为无效凭证，不得作为编制记账凭证的依据。

第十五条　会计人员要根据审核无误的原始凭证填制记账凭证。

第十六条　原始凭证如因合法原因无法留存的，应留存复印件，履行签字手续后代作原始凭证。

第十七条　原始凭证如有遗失，须取得原开发票单位盖有财务专用章的证明，并注明原始凭证的号码、金额和内容等，有关人员签批后方可代作原始凭证。如果确定无法取得证明的，如火车票、机票等，应由当事人写出详细情况，并有证明人，经领导批准后代作原始凭证。

第五章　会计账务处理

第十八条　实行会计电算化核算。会计电算化的核算可划分为账务处理、应收应付款核算、固定资产核算、存货核算、销售核算、工资核算、成本核算、会计报表生成与汇总、财务分析等。

第十九条　会计电算化核算须按照《企业会计准则》的规定划分会计期间，分期结算账目和编制会计报表，会计年度自公历1月1日至12月31日止。

第二十条　会计数据输入采用键盘手工输入、软盘转入和网络传输等几种形式。

第二十一条　原始凭证输入项目须齐全，主要项目有：填制凭证日期、填制凭证单位或填制人姓名、接受凭证单位名称、经济业务内容、数量、单价和金额等。

第二十二条　会计核算记账凭证的输入项目包括：填制凭证日期、凭证编号、经济业务内容摘要、会计科目；或编号、金额等。输入的记账凭证的格式和种类须符合《会计基础工作规范》的规定。

第二十三条　记账凭证的编号可以由手工输入，也可以由会计核算软件自动产生。记账凭证编号必须具有连续性。任何登记入账的经济业务都必须填制记账凭证，摘要区规范填入，若编号出现间断时，应在断号的第一张凭证上注明间断的编号，并在打印输出的该张凭证上注明断号的原因并签字盖章。

发现已经输入并审核通过或者登账的记账凭证有错误的，可以采用红字凭证冲销法或者补充凭证法进行更正；记账凭证输入时，红字可用"—"号或者其他标记表示。

第二十四条　记账凭证必须经过复核人员签字后才能登记账簿，复核人员必须在屏幕上直接对机器存储的记账进行复核签字，同时要对打印输出的记账凭证或代用凭单进行签字盖章。同一张记账凭证的制单和复核不能是同一人。

第二十五条　记账凭证在记账以前必须打印输出（记账凭证清单），没有打印输出的记账凭证不得登记入账。总账、现金账和银行账均可采用计算机打印输出的活页账装订；出纳人员根据审核人员审查并准许报销的凭证，收入或付出款项；出纳人员可以不登记订本式日记账，如现金处理收支较多可根据需要自设辅助账。

第二十六条　会计数据按照规定的会计期间进行结账。结账前应检查本期输入的会计凭证是否全部登记入账，全部登记入账后才能结账。

公司每天必须将当日发生的现金收支数据输入计算机并据以计算出库存日报表，并在表上签字盖章。

第二十七条 公司月度会计凭证须在本月度结束后两个月内装订完毕。未及时装订的，由会计人员向企业会计机构负责人说明理由，妥善保存，并最迟于六个月内装订完毕。

第二十八条 每月的记账期限根据人员分工情况以及工作需要确定，每月至少记账一次，每月月末以前应将当月所有收支及转账业务全部登记入账。至少每月核对一次总账，每季度核对一次明细账。

第二十九条 储存在计算机内的账簿数据须打印输出为书面账簿，会计账簿打印间隔时间不得超过一个月，平时可以只打印已满页的账簿数据，每年年末须将全部账簿数据打印输出。

第三十条 公司须及时对会计账簿进行电子备份，并应妥善保管。

第六章 会计档案管理

第三十一条 公司须加强对会计档案的管理工作，建立会计档案的立卷、归档、保管、查阅和销毁等管理制度，保证会计档案妥善保管、有序存放方便查阅、严防毁损、散失和泄密。

第三十二条 会计档案是指会计凭证、会计账簿和财务报告等会计核算专业材料，是记录和反映单位经济业务的重要史料和证据。具体包括：

（一）会计凭证类：原始凭证、记账凭证、汇总凭证及其他会计凭证；

（二）会计账簿类：总账、明细账、日记账、固定资产卡片、辅助账簿及其他会计账簿；

（三）财务报告类：月度、季度、半年度、年度财务报告，包括会计报表、附表、附注及文字说明，其他财务报告；

（四）其他类：银行存款余额调节表、银行对账单、其他须保存的会计核算专业资料、会计档案移交清册、会计档案保管清册、会计档案销毁清册。

第三十三条 公司每年形成的会计档案，须由会计机构按照归档要求，负责整理立卷，装订成册，编制会计档案保管清册。

当年形成的会计档案，在会计年度终了后，可暂由会计机构保管一年，期满之后，须由会计机构编制移交清册，移交档案机构统一保管；未设立档案机构的，须在会计机构内部指定专人保管。出纳人员不得兼管会计档案。

第三十四条 会计档案不得借出，如有特殊需要，经公司院长批准，可以提供查阅或者复制，并办理登记手续。查阅或者复制会计档案的人员，严禁在会计档案上涂画、拆封和抽换。

第三十五条 会计档案的保管期限分为永久、定期两类。定期保管期限分为三年、五年、十年、十五年、二十五年五类。会计档案的保管期限，从会计年度终了后的第一天算起。保管期满的会计档案，可按财政部财会字〔1998〕32号《会计档案管理办法》的规定销毁。

第七章 财务报告编制与财务评价

第三十六条 公司须按《企业会计准则》的要求编报财务报告，财务报告包括会计报表、会计报表附注。会计报表和附注的编报时间如下：

（一）资产负债表月报、季报、半年报、年报；

（二）利润表月报、季报、半年报、年报；

（三）现金流量表季报、半年报、年报；

（四）应交增值税明细表月报、年报；

（五）股东权益增减变动表年报；

（六）利润分配表年报；

（七）分部报表年报；

（八）会计报表附注季报、半年报、年报。

第三十七条 会计报表附注至少应包括下列内容：

（一）不符合会计核算基本前提的说明；

（二）重要会计政策和会计估计的说明；

（三）重要会计政策和会计估计变更的说明；

（四）或有事项和资产负债表日后事项的说明；

（五）关联方关系及其交易的披露；

（六）重要资产转让及其出售的说明；

（七）企业合并、分立的说明；

（八）会计报表中重要项目的注释；

（九）有助于理解和分析会计报表需要说明的其他事项。

第三十八条 公司对外报送的财务报告，须依次编定页码，加具封面，装订成册，加盖公章。封面上须注明：公司名称，公司地址，财务报告所属年度、季度、月度，送出日期，并由公司负责人、会计工作负责人、会计机构负责人签名或者盖章。

公司负责人对财务报告的合法性、真实性负法律责任。

第三十九条 公司总结和评价财务状况及成果的财务指标主要有：流动比率、速动比率、资产负债率、产权比率、营业利润、成本费用利润率、总资产报酬率、净资产收益率。

第八章 会计监督

第四十条 会计机构、会计人员应对本企业经济活动进行会计监督。

第四十一条 会计机构、会计人员须对原始凭证进行审核和监督。

（一）对不真实、不合法的原始凭证，不予受理。对弄虚作假、严重违法的原始凭证，在不予受理的同时，应予以扣留，并及时向企业负责人报告，请求查明原因，追究当事人的责任。

（二）对记载不明确、不完整的原始凭证，予以退回，要求经办人员更正、补充。

第四十二条 会计机构、会计人员须对实物、款项进行监督，督促建立并严格执行财产清查制度。发现账簿记录与实物、款项不符时，须按照国家有关规定进行处理。超出会计机构、会计人员职权范围的，应立即向企业领导报告，请求查明原因，做出处理。

第四十三条 会计机构、会计人员须对财务收支进行监督。

（一）对审批手续不全的财务收支，须退回，要求补充、更正；

（二）对违反国家的法律、法规、规章的财务收支，不予办理。

第四十四条 会计机构、会计人员须对本企业制定的预算、财务计划、经营计划、业务计划的执行情况进行监督。

第四十五条 公司须依照法律和国家有关规定接受财政、审计、税务等机关的监督，如实提供会计凭证、会计账簿、会计报表和其他会计资料以及有关情况，不得拒绝、隐匿和谎报。

第四十六条　按照法律规定应委托注册会计师进行审计的企业，应委托注册会计师进行审计，并配合注册会计师的工作，如实提供会计凭证、会计账簿、会计报表和其他会计资料以及有关情况，不得拒绝、隐匿、谎报；不得示意注册会计师出具不当的审计报告。

第九章　附则

第四十七条　本规定由公司股东会负责解释。

资金管理办法

第一章　总则

第一条　为规范公司资金管理，提高资金使用效率，保障资金安全，根据公司《财务管理制度》，制定本办法。

第二条　资金管理坚持安全性、流动性、效益性原则。

第三条　公司财务部是公司资金的专业管理部门，负责资金的筹集、管理及企业资金的协调调度。

第二章　资金计划管理

第四条　公司编制年度资金收支平衡计划，并按月进行分解。

第五条　公司须将旬、月度资金收支平衡计划完成情况，作为重点内容在经济活动分析会上进行分析，并对存在的问题及时采取措施加以解决。

第三章　筹资管理

第六条　公司对资金筹集实行统一管理，财务部根据资金计划，流动资金贷款等方式筹集资金。

第七条 财务部须综合考虑资金需要量、投资方向、投放时间、渠道方式、使用效果、资金成本等因素，确定资金筹集渠道。

第八条 对已发生的金融机构借款须严格按计划进行管理，并将还贷及付息计划分解到季、月、周，做到提前筹措资金，及时还本付息。

第九条 公司采取银行借款筹资时，须本着资金成本最小化原则决定金融机构和借款额度。资产负债率达 70% 以上时，应提出筹资预警。

第十条 公司筹资计划完成不足 80% 时，须制订补充筹资方案，报股东会审议。

第十一条 公司可依据自身情况充分发挥商业信用进行融资，但须严格依据合同按期、按计划偿还欠款。

第十二条 按照《营销管理制度》要求，强化资金清收管理，提高资产变现速率。

第四章 资金收入管理

第十三条 公司依据"月度收入计划完成百分比"（实际销售收入/计划销售收入）和"月度销售收现率"（销售回款/销售收入）两个指标对企业的销售收入进行管理。

第十四条 对各项应收款项，公司须严格划分赊销与清欠类别，制定赊销及清欠管理措施，确保应收款项按期收回，减少资金损失。

第十五条 对各项非经营性应收款项，公司须明确款项性质，属于借款性质的，须按占用时间长短及现行利率计算资金占用费；属于投资性的借款，在计算企业净资产基数时须作为因素考虑。

第十六条 财务部负责资金的调剂余缺，相互占用资金须按月对账，季度清结，并按同期银行贷款利率计算占用费。

第五章 资金使用管理

第十七条 公司部门资金须严格按计划使用，计划外资金支出项目，须按公司资金审批程序办理。

第十八条 涉及公司对股权、项目等进行投资的资金支出，须按公司资金审批程序办理。

第十九条 公司须严格按计划、规定程序控制各类支出，认真履行公司招标程序和招标合同。

第二十条 公司须结合自身资金状况及经营需要，制订资金支出预警方案，明确资金警示级别及上报公司。

第二十一条 各项专用资金须专款专用，不得以任何方式截留或挪用。

第六章 资金支付审批程序

第二十二条 公司按轻重缓急安排企业资金支付顺序，资金支出严格实行总经理审批制，杜绝多头审批。

第二十三条 公司须合理利用商业信用，延迟付款时间。对提前付款有优惠的，须进行效益对比测算，合理确定付款期限。

第二十四条 资金审批程序：

（一）公司部门支付款项、报销费用，须由经手人填制原始凭据、部门负责人审核签字，经财务部负责人签批，最后由总经理签批。

（二）企业支付税金及固定费用，财务部门填制原始票据，填写支付款项金额、期限、计算依据等，部门负责人审核签字，经主管副总经理签批后，报企业总经理签批方可支付。

公司除院长外的其他高管人员报销各项费用，经财务部门审核签字后，由院长签批。院长报销各项费用，经财务部门审核后方可报销。

（三）支付销售提成、计件工资等变动费用，由该项业务管理人员，依据相关资料，按规定计算的数据填制费用支出单据，经手人（填报人）签字，部门负责人审核人签字，财务负责人审核签字，最后由院长审批后方可支付。

（四）支付工程项目、固定资产投资、生产（经营）资金，须由该项业务的管理人员，按固定格式的单据填制凭证，经工程管理、技术管理、质量管理、经济结算、财务等部门审核无异议后签字确认，主管领导签字，最后报院长审批后方可支付。

（五）支付属于经营性的欠款，须填写单独格式的单据，说明累计已付款、累计应付款、累计欠款、付款理由等，经相关部门、主管领导签署意见后，由院长批示办理。

第七章 资金安全管理

第二十五条 公司负责股权投资项目的可行性论证，并对投资项目进展情况及时跟踪、检查，如实评价投资效果，对投资资金使用过程中出现的问题及时上报，确保投资资金安全。

第二十六条 公司须加强网上银行账户资金安全管理，建立与外部银行资金结算部门的固定联系制度，随时核对资金收付情况，确保账户资金安全完整。

第二十七条 公司财务部门须责成专人管理在途资金，与采购部门定期核对账目，并建立财务警示制度，确保在途资金及时回笼。

第八章 罚则

第二十八条 未按本规定执行的，公司有权对相关责任人给予经济处罚和行政处分，直至追究法律责任。

第九章 附则

第二十九条 本规定由公司股东会负责解释。

差旅费管理办法

第一条 为规范差旅费管理，保证出差人员工作和生活需要，根据财政部门有关文件及公司《财务管理制度》制定本规定。

第二条 差旅费的管理由公司财务部门负责执行、监督和考核。

第三条 公司院长以下人员报销须经部门负责人审批、财务部审核，报主管院长批准。

第四条 公司员工须严格执行出差审批制度，对各种学习、培训、会议与公司业务关联不大、组织单位不具权威性或以营利为目的的各种学习、培训考察等一律不得派人参加。

第五条 公司员工出差须填写《出差计划审核表》，经部门负责人同意，报院长批准。

第六条 员工出差需预借差旅费的，须按公司《资金管理规定》第三十一条的规定履行审批程序，并在出差结束后五个工作日内办理报销手续，逾期未报，在发放工资时一次扣回，月工资不足的次月续扣，直至扣完为止，并对其进行通报和经济处罚。

（一）因公出差人员填写"借款审批单"，写清借款人、部门、用途、金额等事项，部门负责人审批后，报财务部审核，经院长审批后方可借款。

（二）出差人员回公司后，填写"差旅费审批报销单"，后附所有本次出差原始报销凭证，严禁出现与出差地不符的原始凭证，并在规定的限额内，经部门负责人审批、财务部审核、院长审批后方可报销。

（三）出差人员回公司应五个工作日内报账，出差借款遵循"前账不清、后账不借"为原则。

（四）在出差过程中因业务需要使用招待费，应先征得领导同意，回公司后，单独填写"招待费审批报销单"，经财务部审核、院长审批后方可报销。

第七条 员工出差交通费标准：

（一）员工出差使用交通工具的范围和标准：

1．高级职称以上（含高级职称）的人员出差可乘坐飞机。

2．公司部门负责人、员工出差到省内及北京、天津、河北、辽宁、吉林、内蒙古等火车可直达的省市，不准乘坐飞机；连续乘车超过6小时的，可以乘坐硬卧。

3．有以下情况之一的，须经院长批准后方可乘坐飞机：

（1）出差地超过上述地区范围且火车不能直达的；

（2）火车能够直达但路途较远的，经批准可单程乘坐飞机；

（3）执行特殊任务，如送机要文件、绝密物品及有价证券或时间紧迫的；

（4）当飞机票价低于火车等其他交通工具费用时。

4．出差地有动车组或高铁列车直达的，不得自行带车出差。

（二）出差人乘坐交通工具超过标准，须事先经主管领导同意后，报请院长批准后，方可办理借款和购票手续，否则，超出标准的费用自理。

（三）乘坐火车未购卧铺票的补助标准：

自晚八时至次日晨七时之间,在列车上过夜达 6 小时以上的,或连续乘车时间超过 12 小时的,可购同车的卧铺票。对符合上述条件而未购卧铺票的,节省的卧铺票费用可按实际乘坐慢车和直快车的硬席票价的 60% 补发给出差人;

乘坐特快列车的按其硬座票价的 50% 补发给出差人;乘坐新型全列空调特快列车的按硬座票价的 30% 补发给出差人。

第八条 员工出差住宿执行标准。

职务 \ 出差地区	国内	国外
院长	按实报销	按实报销
高级设计人员、部门负责人	按区域标准执行	不超过 50 美元
其他人员	按区域标准执行	不超过 40 美元

区域标准如下:

地区	宾馆星级	高级设计人员、部门负责人,每人每日报销上限	其他人员每人每日报销上限
东北地区（沈阳、长春等）	三星及以下	200	150
华北地区（北京、天津等）	三星及以下	220	150
华东地区（上海、杭州等）	三星及以下	250	180
华中地区（武汉、郑州等）	三星及以下	200	150
华南地区（海口、三亚等）	三星及以下	250	180
西南地区（成都、重庆等）	三星及以下	230	150
西北地区（西安、拉萨等）	三星及以下	250	180

第九条 出差人员伙食补助执行标准。

员工出差伙食补助费,不分途中和住勤,均按出差日历天数,每人每天补助标准为:

(一)国内出差,每人每天补助 100 元;

(二)国外出差,每人每天补助 25 美元;

(三)出差期间不得报销餐费,不得签房卡消费,超出住宿标准的费用自理;

(四)对出差期间招待客户所发生的招待餐费,需提供招待就餐人员名单,经总经理批准，依就餐人数按每人每餐不高于200元报销，超出部分自理。当日招待超过两餐的，取消当日伙食补助。

第十条 外出参加会议、学习、培训人员差旅费、住宿费和伙食补助费标准员工到省外参加会议、学习、培训班的，差旅费按本规定第六条标准执行；住宿和伙食按会议、学习、培训主办单位的通知文件执行，不再享受补助费；若会议或学习培训通知注明"食宿费自理"的，按本规定第七条和第八条的标准执行。

第十一条 外埠派驻工作人员补贴标准。

外埠派驻工作人员，是指由公司统一调配（含临时借调），派驻到距离公司超过100公里以外地域工作，且工作地点与个人家庭不在一地的管理岗位人员和专业技术岗位人员。

（一）生活补贴标准为30元/日。

（二）外埠工作生活补贴按月发放，月补贴总额＝补贴标准×当月在外埠日历天数（含法定假日和公休日）。

（三）以下期间不计入生活补贴发放时间：

1．外埠工作人员在探亲期间或休假期间；

2．外出考察或脱产培训期间；

3．外埠工作人员回家庭所在地办事期间；

4．享受出差补助期间。

（四）享受生活补贴的人员，由部门提出名单，报公司人力资源部和财务部审核确认。

（五）生活补贴费依据审定的人员名单，每月经院长核准后，由财务部门负责发放。生活补贴费在差旅费科目中列支。

（六）公司根据外埠工作人员级别和人数为员工租赁房屋，费用公司承担，根据地区情况确定具体标准后，报公司审批和备案。

（七）公司派驻外埠工作的管理和专业技术人员的有关待遇，按照此规定执行。

第十二条 探亲人员相关费用的规定。

按照公司《人事管理制度》中有关"探亲休假"的规定及公司的实际情况，符合休假条件的，公司给予报销往返路费，具体额度按照硬座火车票、普通舱船票和长途公共汽车票费用标准执行。

第十三条 公司部门公务交通费用相关规定。

（一）公司部门公务交通费实行定额包干办法；

（二）公司部门存在享受车改补助人员的，公务交通费用在按部门人数核定时核减。

第十四条 随公司高管人员出差的司机和随行人员，原则上按原级别安排交通和住宿；如确因出差地实际情况无法安排，则可随高管人员一并安排交通和住宿。

第十五条 本规定由公司股东会负责解释。

费用报销管理办法

第一章 总则

第一条 依据公司公务报销管理办法的总体要求，明确旅游规划设计有限公司工作人员日常报销管理规定，结合公司管理实际，制定本办法。

第二条 本办法适用于旅游规划设计有限公司日常费用报销业务。

第三条 公司财务部负责日常费用报销业务办理及费用监控。

第二章 具体要求

第四条 办理公务费用报销时，经办人须将原始凭证整齐有序地贴在"票据粘贴单"上，原始凭证的内容，包括日期、单位名称（全称）、经济业务具体内容、金额大小写、所购物品单位和数量、填制单位财务（发票）专用章、收款人签章等，均需填写完整。

第五条 公司财务部有权将无税务或财政部门监制章的票据、报销期限跨年度超出一个月、票面项目要素填写缺失、金额大小写不符或有涂改，以及其他不符合财务管理制度的原始凭证退回。

第六条 办理日常费用报销时，经办人必须持合法、有效凭证（盖有税务或财政部门监制章的发票、收据），经本部门负责人审批后，送财务部出纳审核、财务负责人签批后，报院长审批，履行全部审批手续后，方可办理报销业务。

第七条 使用发放表付款的项目，包括各种补助费、奖金、提成兑现等，发放表要有部门负责人、经办人签名，财务负责人、院长审批；收款人应由领款人签名，原则上不予代签代领，更不得虚报冒领。

第八条 报销差旅费、业务招待费须严格执行差旅费、业务招待费报销管理规定。

第三章 罚则

第九条 对未按本办法执行的人员，财务部有权不进行业务报销；对严重违纪违法行为，公司有权对相关责任人给予相应的经济处罚、行政处分，直至解除劳动合同。

第四章 附则

第十条 本办法如与国家政策法规及公司《财务管理制度》相抵触时，应从其规定。

第十一条 本办法经公司院长办公会审议通过。

招待费管理办法

第一章 总则

为了严格控制公司运营成本，加强并规范公司的业务招待费支出管理，特制定本办法。

第二章 适用范围

第一条 业务费是指因业务需要发生的礼金、礼品、赞助费及因业务需要赠送的烟、酒等。

第二条 招待费是指因工作关系招待有关人员就餐费、娱乐费用；因招待发生的酒水、饮料及香烟费用等。

第三章 招待费的使用原则

第三条 业务招待费应坚决贯彻"可接待可不接待,不接待"、"可参与可不参与接待人员,不参与"、"可发生可不发生费用,不发生"、"态度热情,费用从简"的原则。

第四章 业务招待费的管理原则

第四条 按照公司签定下达的年度指标,在计划预算限额内使用业务招待费,计划外支出需经公司院长审批。所有的招待实行事前审批制度。

第五条 招待费由各分管领导、院长按照本办法第五条的权限审批。

第六条 坚决控制非业务性接待,适当控制业务接待。

第七条 公司来人除领导视察外,一律按照工作餐标准就餐;公司内各兄弟单位、关联企业因公出差到公司,原则上用工作餐接待。

第八条 外协单位除合同标明提供安排食宿及接风、送行外,一律不安排免费伙食。按合同表明确需接风、送行的,在公司招待费中开支。

第九条 严格执行分档次接待原则,各档次选定1～2家酒家、宾馆,对应接待。禁止越档次接待。

第十条 接待用餐时,严格控制陪客人数,实行对口接待。坚持执行中、高档接待司机不参与陪客就餐规定。同时,原则上陪客人数不得超过2人,若公司陪同用餐人员多于2人时,应事先经过院长批准。

第五章 业务招待费的审批权限

第十一条 业务费一律由各主管领导控制,其他部门和个人一律不得安排业务费,并交由院长审批。

第十二条 招待费须由院长审批同意后方可执行。

第十三条 招待费的审批程序与开支标准。

(一)招待的审批程序:

业务招待是指因工作需要进行的招待,实行事前报院长同意审批制度,按《招待费审批单》（附件）程序进行审批。

（二）业务招待费开支标准：

1．招待一般来宾来客，每席餐费不超过 500 元（含酒水等），酒水标准白酒控制在 100 元/瓶以下。

2．招待政府部门正处级以上副局级（含副局级）以下干部、集团部门经理级别人员每席不超过 1 000 元（含酒水等），酒水标准白酒控制在 300 元/瓶以下。

3．招待用白酒一般不超过 2 瓶，特殊情况最多一次不能超过 3 瓶（每席标准），并且白酒不得超过标准。

4．招待政府主要领导及政府部门关键领导，费用标准由院长同意后执行。

第十四条 财务控制与监督。

（一）财务部应严格审查业务招待费发生的业务是否真实、票据是否合法、单据是否齐全、审批是否完整。

（二）财务部有权拒绝不符合业务招待标准、报销流程、审批权限的业务招待费的报销。

（三）业务招待费报销遵循谁经手谁报销的原则，不得由他人代报业务招待费。业务招待同时有多个经办人参与招待，应由最高职务经办人报账。

（四）招待消费后，需提供刷卡凭证、酒家清单或清单复印件，连同费用发票提交给院长、财务部审核人员作为报销依据。

（五）所有宴请、业务费用开支必须列明事由、招待对象（需单独说明，严禁在费用报销单、发票上列明）。

第十五条 业务招待费核算范围及要求。

（一）招待费一律记入"管理费用——业务招待费"中，不允许在其他科目中列支。

（二）招待费包括因公接待从行政办公室领用的烟、酒、饮料等，依据领用单，由综合部开具《烟酒出库单》记入招待费。

（三）公司发生的业务招待费用，如存在票据本身与业务实质不相符之费用，不予报账。

（四）无票据或票据不全，不予报账。

第六章 附则

第十六条 本办法由行政办公室编制、修订并负责解释。

附件：《招待费审批单》

附件：《招待费审批单》

招待费审批单

所属部门		申请人		申请日期	
公司陪同人					
招待对象／人数					
招待用途					
招待金额				用餐地点	
是否在费用预算管控内：□是　□否				如不在费用预算管控内需单独申请并报批总经理	
领导审批	部门主管领导审批／日期				
	财务审批／日期				
	院长审批／日期				

员工手册

某旅游规划设计有限公司
员工手册

20××年×月

目　录

前　言
第一章　员工录用
第二章　工作规范
第三章　工作时间
第四章　考勤制度
第五章　薪酬激励
第六章　劳动假期
第七章　综合培训
第八章　工作调动
第九章　保密原则

前 言

为树立良好的企业形象,规范办公秩序,统一公司规章制度,特编制本《员工手册》。本《员工手册》适用于公司所有工作人员,是除公司与员工所签署的劳动合同外,对公司规章制度的进一步补充,其内容可因需要而进行修改和补充。

每一位员工在工作开始之前应认真阅读并理解本手册,并在工作中遵守本手册的有关条例。

本手册内容包括不予公开的保密资讯,为某旅游规划设计有限公司所专用,严格限用于内部传阅,并且应采用所有合理的手段保持该等资讯的保密性和安全性。

本《员工手册》系公司资产,请妥善保管,不得乱涂乱画,员工离职时应立即归还公司。

本手册最终解释权归本公司所有。

第一章　员工录用

第一条　招聘原则。

本公司录用员工遵循公开及公平竞争原则，不会因人种、性别、年龄、残疾、婚姻状况或宗教信仰等的不同而有歧视。

第二条　招聘范围。

为广泛吸纳优秀专业人才，遵循公司的人才招聘政策，人才的引进、聘用和培养采用外部与内部相结合的方式进行。同时，贯彻"从内部晋升人才"的政策以及鼓励员工发展职业前途。

第三条　录用程序。

（一）公司根据岗位的要求，通过多轮面试或其他形式考核，实行公平竞争，按需量才择优选用。

（二）经公司考核合格，应聘者进入工作试用期，办理入职手续。

第四条　入职手续。

（一）新员工入职请认真研读《入职须知》。

（二）员工入职当日须填写本公司的《员工入职表》，包括出生日期、学历、工作经历、婚姻状况、紧急联系人及联系方式等，并附上有关证件、证书。

（三）员工填写的《员工入职表》中个人信息如婚姻状况、学历、联络方式一旦发生变化，应及时书面通知人力资源部，以确保资料的及时更新和相应的政策的调整。否则，员工未及时更新信息带来的不利后果将由员工承担。

第五条　试用期。

（一）员工在入职后将经历为期三个月的试用期，试用期期限将根据员工不同的服务期限和当地劳动法律法规的要求在录用通知书中明确告知。试用期从员工入职之日起开始计算。

（二）员工的上级主管将会同人力资源部对员工的工作表现进行评估。工作表现合格者，将转为正式员工。不合格者根据员工个人工作态度及发展潜力，或提供调换工作岗位的机会。

第六条　劳动关系的解除。

（一）试用期员工辞职：

试用期内员工应以书面方式提前三天通知公司，办理离职。辞职员工在最后工作日前，必须将完成所有签字流程的离职交接清单交至人力资源部。

（二）对试用期的员工：

对于在试用期间被证明不符合录用条件的员工，公司可以随时与之解除劳动关系。

第二章 工作规范

第七条 服务原则。

（一）恪尽职守，团结合作，勤奋奉献，高质高效地完成工作任务。

（二）不仅从语言上，更从行动上向客户（公司外部及内部）表明：客户的需求就是我们的需求。

（三）认真听从上级主管人员的工作指示和教导。对于职务报告，应遵循逐级向上报告的原则，不宜越级呈报，但在紧急或特殊情况下不在此限。上下级之间应诚意相待，彼此尊重。

（四）正确、有效、及时地与同事、与其他部门沟通意见看法。遇到问题不推卸责任，共同建立互信互助的团队合作关系。

（五）专精业务知识和技能，开发自身潜力，表现出主动参与、积极进取的精神。

第八条 职业道德。

（一）公司永续健康的经营发展，取决于每位员工的态度和行为符合公司的期望。每位员工谨记自己代表公司，在任何地点、时间都注意维护公司的形象和声誉。

（二）旅游规划设计应完全以品质、价格与服务为决策的依据，不得给予或接受个别客户或客户代表相关的报酬、赠品或其他特殊待遇。

（三）培养自身的职业道德感，工作中应遵循诚实守信的原则。诚信于企业，诚信于客户，诚信于同事。

第九条 员工行为规范。

（一）基本准则。

1．热爱祖国，热爱公司。

2．遵纪守法，遵章守制。

3．诚实守信，公道正派。

4．刻苦学习，不断创新。

5．爱岗敬业，创造业绩。

6．团结协作，善于沟通。

7．谦虚谨慎，与人为善。

8．助人为乐，热心公益。

9．崇尚科学，反对迷信。

10．勤俭节约，保护环境。

（二）廉洁自律。

1．保持良好的员工形象，维护公司的利益。

2．未经公司批准，不从事下列活动：

（1）以公司名义考察、谈判、签约；

（2）以公司名义提供担保、证明；

（3）以公司名义对外发表意见、消息；

（4）以公司名义出席公众活动；

（5）从事第二职业。

3．禁止以下舞弊行为：

（1）在记录工作时间上弄虚作假，虚报工作时间；

（2）伪造质量、环境或安全报告，使其与事实不符；

（3）处理或提交伪造的或不准确的发票或单据，使生产成本或期间费用失实；

（4）虚增或虚减设计收入，不能真实反映利润水平；

（5）不适当地处置资产，虚增、虚减资产或负债，不能真实反映所有者权益，导致财务报表虚假；

（6）不当关联方交易，使公司利益受到损害；

（7）税务欺诈，获取不当收益，使公司未能遵守有关法律规定；

（8）蓄意调节交易的会计期间，使应列当期的收入或支出不能在当期如实反映；

（9）改变、转移或销毁公司的文件（按公司文件保存规定处理的除外）；

（10）其他的舞弊行为。

4．不利用公司资源（如公司资产、商业信息、业务关系、职务权力、工作时间等）谋求个人利益或为他人谋取利益。

员工在有下列情况之一时，应向公司报告：

（1）员工本人或家庭成员与公司的重要客户或竞争对手有重大的经济利益关系；

（2）家庭成员在公司的重要客户或竞争对手处担任重要职务。

5．禁止损毁或非法占有国家、集体或他人财物；当个人利益与集体利益、国家利益发生冲突时，要以国家利益、集体利益为重；禁止损害国家利益、集体利益为个人谋取私利；禁止任何干涉正常工作程序和凌驾制度之上的行为。

6．不贪污、索贿、受贿和行贿；不参加可能影响公务的宴请及健身、娱乐等活动。

7．领导干部应严格遵守公司的各种规章制度，严于律己，以身作则。

（三）仪表。

1．按规定着装；保持衣着整洁、得体。

2．注意个人卫生。

3．女员工可施淡妆，佩戴饰物要简洁。

4．男员工不蓄胡须，不留长发。

5．不理怪异发型，不染怪异颜色的头发。

（四）沟通协调。

1．提倡相互理解、相互信任、精诚协作、全方位沟通的和谐的员工关系，员工有责任维护文明礼貌、互相尊重的工作环境。

2．接听电话要及时、礼貌、语言简明准确，重要通话做好记录。

3．发生劳动争议时，提倡双方通过协商解决；当事人可自愿申请调解，也可依法申请仲裁，对仲裁不服的可提起诉讼。

4．如果员工感觉受歧视或者发现有人歧视他人，应向直接领导报告或向人力资源部门报告，各级领导和人力资源部门有责任进行调查、处理。

（五）保密。

1．严格执行公司保密制度，员工有义务保守以下事项的公司秘密：

（1）经营发展决策中的重要事项；

（2）招标中的有关商业信息；

（3）可能导致公司利益受损的重要合同；

（4）人力资源决策中未公布的人员任免、薪酬制度、机构调整等事项；

（5）未向公众公开的财务状况、内幕信息；

（6）各项内部规章制度；

（7）其他的保密规定。

2．不得泄露及主动了解公司秘密。

3．妥善保管重要文件资料。

4．遵守内部网络管理规定，不得在公司的网络上使用私人电脑，防止泄露公司机密。

（六）安全、环境、健康。

1．安全。

（1）树立"安全第一、预防为主"的安全防范意识，遵守安全管理规定；及时发现和消除安全隐患并向上级或专职人员报告。

（2）信息安全。不得将公司软件提供给他人或用于工作以外的用途；不得选用未经公司认可的软件；妥善保管个人办公电脑，采取适当的保护措施以防止信息资料被篡改。

（3）工作场所安全。对来访人员，应辨认身份，登记后，方可陪同进入；不得携带违禁品、易燃易爆等危险品进入工作区域；注意办公用电安全；严禁在禁烟区吸烟；下班时锁好桌柜，个人贵重物品不存放在工作场所；发现可疑危险物应及时报告，妥善处理。

（4）交通安全。遵守车辆、交通管理规定，注意交通安全。

2．环境。自觉维护和保持良好的工作环境。

3．健康。树立职业健康意识，自觉使用必需的个人劳动保护用品，预防职业病。

（七）知识产权。

1．尊重和保护知识产权。

2．遵守公司对外签订合同或协议中有关知识产权的保护承诺。

3．公司制度的版权属于公司，仅供内部使用，不得擅自向外提供。

4．公司员工利用公司资源所获得的专利、职务发明、技术创新等所有权归属公司所有。

第三章　工作时间

第十条　作息时间。

（一）工作时间无夏时制和冬时制之分，按照标准工作时间进行工作。

（二）标准工作时间为：

上午工作时间：08：30～11：30；

午休时间：11：30～13：30；

下午工作时间：13:30～16:30。

第四章　考勤制度

第十一条　日常考勤。

（一）公司所有出勤人员每天上下班必须登记《员工签到表》。未填写签到表，均视为未出勤或早退。

（二）如因工作原因需外出或出差导致未正常登记，须填写《办公外出登记表》或《出差计划表》，经部门领导签字认可后，由人力资源部备案。

（三）考勤周期：自每月1日起至当月月底止。

第十二条　迟到/早退。

（一）定义：晚于8:30上班，记为迟到；早于下午4:30下班，记为早退。

（二）迟到和早退，每次罚款20元；当月累计达到三次以上，每次罚款50元。

（三）当日迟到或早退达到2小时，按旷工半天处理。

（四）如有特殊或紧急情况，需提前电话通知部门领导和人力资源部，事后提交特殊情况说明或补签《年度请休假卡》。

第十三条　旷工。

（一）旷工定义：员工无故缺勤或无考勤记录，一律记为旷工。

（二）旷工期间按照旷工天数扣发双倍工资。月旷工累计超过3天（含）或年旷工累计超5天（含），公司有权解除劳动合同并扣发当年年终奖励。

第五章　薪酬激励

第十四条　工资构成。

（一）岗位效益工资由岗位工资、效益工资两部分构成。

（二）企业实行岗位等级工资制，根据各岗位所承担工作的特性及对员工能力要求的不同，将岗位划分为不同的级别，实行梯级工资标准。

第十五条　工资支付。

（一）公司发薪日为每月10号，如遇公众假期，发薪日视实际情况调整。

（二）工资发放实行先做后付制度，即当月工资次月发放。

（三）公司以银行转账方式按月支付员工的劳动报酬。

第十六条　工资保密。

任何员工不得向他人泄露自己月薪所得，亦不得询问本公司其他员工的月薪所得，违反此规定的员工应受到相应的警告、处分，情节严重者将导致解聘。

第六章　劳动假期

第十七条　假期类别。

（一）公司的假期分为法定节假、婚假、丧假、病假、产假和事假。

（二）除长病假外，请假以"次"和"工作日"计。

第十八条　请休假规定。

（一）请休假应视工作内容和工作进程安排，由直接上级主管批准。

（二）员工请休假前，应确定自身职务代理人。

（三）所有假别均应事先填写员工年度请休假单，按请假核准权限获批准后，交由人力资源部备存。

第七章　综合培训

第十九条　培训目的。

通过培训，使员工达到并保持在本职工作岗位上进行规范工作的要求。

第二十条　上岗培训。

（一）上岗培训是指员工到岗后至试用期满前的业务培训。

（二）上岗培训内容主要包括：

1．部门职能与工作目标；

2．部门岗位结构和岗位职责；

3．岗位应知应会；

4．操作技能和工作程序；

5．公司和部门的规章制度。

第二十一条　在岗培训。

（一）在岗员工业务培训由各部门按照年度工作安排和培训计划实施。

（二）在岗培训由各部门组织实施，人力资源部配合。必要时可委托有关单位来公司培训或组织有关员工参加公司外培训。

（三）在岗培训可采取岗位交叉、业务提升、新规范、新技术等多种内容和方式。

（四）公司每年根据具体情况进行中层以上管理人员培训。管理人员培训的内容包括管理理论、管理能力、管理技巧、知识技能等。

（五）培训考核的资料由人力资源部归档保存，作为晋升和奖惩的依据。

第八章　工作调动

第二十二条　调动种类与程序。

（一）调动是指在劳动合同规定范围内的工作地点和职位级别的调整。

1．员工调动分为平行调动、晋升调动、降职调动和临时调动。

2．普通员工的调动主要是公司内调动；管理人员的调动，除公司内调动外也可以是公司与公司之间的调动。

3．员工原则上不得拒绝公司对其职位、工作地点的调动。

（二）人员调动必须按照规定的程序进行。须经主管领导批准，由人力资源部负责协调、审核和备案，中层以上管理人员调动须经院长批准。

第二十三条　晋升调动。

（一）晋升调动是指在职位级别或薪酬向上调整的职位变动。

员工同时具备下列条件的，有资格晋升到高职位：

1．员工在原职位表现优秀；

2．有担任高一级职位的能力和潜力；

3．完成晋升职位所必需的教育与培训；

4．诚实、正直、态度积极。

（二）晋升调动可通过自荐或直接主管推荐，由主管领导审批，由人力资源部审核实施。

第二十四条　降职调动。

（一）降职调动是指在职位级别或薪酬向下调整的职位变动。

1．员工符合下列条件之一时，由上级主管建议，主管领导审批，人力资源部审核后，方可以降职。

2．员工无法胜任本职工作。

3．由于组织结构调整，相应职位被取消，没有适合职位。

（二）降职调动应当从严掌握。

（三）员工有权对降职调动提出异议，但一经决定，员工应当服从。

第九章　保密原则

第二十五条　商业秘密。

公司的商业秘密包括：技术信息、专有技术、经营信息和各种规章制度和管理办法中的各项文件。公司的商业秘密包括但不限于：

（一）技术资料、图纸、各类文本及电子版文件资料、财务资料、劳资资料、会议记录及档案材料等。

（二）经营信息指有关商业活动的规划内容、策划、不公开的财务资料、合同、交易相对人资料、客户名单等销售和经营信息。

（三）员工薪酬：工资、奖金、福利待遇。

（四）专有技术、商标、经营管理诀窍及各种运行资料。

（五）用于员工培训所做出的教材、讲稿、图纸，以及其他有关经营思路、经营方向确定或预测的文件或信息。

（六）客户和业务合作单位信息，以及关联单位的信息和资料。

（七）公司或关联单位过去、现在或将来的研究、发展及商业活动的有关信息。

（八）公司依照法律规定（如在缔约过程中知悉其他相对人的商业秘密）和在有关协议的约定（如技术合同）中对外承担保密义务的事项，也属公司的商业秘密。

第二十六条　员工的保密责任和义务。

（一）员工因知悉公司的商业秘密，所以须承担保密的责任和义务。

（二）公司在支付给员工的薪酬中已包含保密费。

（三）员工须保证公司利益尽最佳努力，在履行职务期间不组织、参加或计划组织、参加任何竞争企业，或从事任何不正当使用公司商业秘密的行为。

（四）员工对其因身份、职务、职业或技术关系而知悉的公司商业秘密应严格保守，保证不被披露或使用，包括意外或过失。即使这些信息甚至可能是全部地由员工本人因工作而构思或取得的。

（五）在服务关系存续期间，员工不得以竞争为目的、或出于私利、或为第三人谋利、或为故意加害于公司，擅自披露、使用商业秘密，制造再现商业秘密的器材，取走与商业秘密有关的物件；不得刺探与本职工作或本身业务无关的商业秘密；不得直接或间接地向公司内部、外部的无关人员泄露；不得向不承担保密义务的任何第三人披露甲方的商业秘密；不得允许他借、赠与、出租、转让等处分甲方商业秘密的行为或协助不承担保密义务的任何第三人使用甲方的商业秘密；不得复制或公开包含公司商业秘密的文件或文件副本；对因工作所保管、接触的有关本公司或公司客户的文件应妥善对待，未经许可不得超出工作范围使用。

（六）员工如果发现商业秘密被泄露或者自己过失泄露商业秘密，应当采取有效措施防止泄密进一步扩大，并及时向公司报告。

（七）如员工未能保守公司的商业秘密，甚至于给公司带来经济损失，则需要承担所有的责任和经济赔偿。

本手册最终解释权归人力资源部，请各员工认真阅读并按章执行。

员工声明

本人已阅读×××公司员工手册，已知悉所有条款和规定，并保证遵守。

员工签名：

员工招聘管理办法

第一章　总则

第一条　适用范围。

本管理办法适用于某旅游规划设计有限公司人才招聘管理。

第二条　目的。

为满足公司持续、快速发展的需要，特制定本管理办法来规范人员招聘流程和健全人才选用机制。

第三条 原则。

公司招聘坚持公开招聘、平等竞争、择优录用、先内后外的原则，使用工用人机制更趋科学、合理。

第二章 招聘组织

第四条 招聘组织管理。

一般人才招聘工作由人力资源部负责拟订招聘计划并组织实施，人员需求部门参与招聘测评的技术设计和部分实施工作。

高级人才的招聘由院长直接领导（特殊情况可授权他人负责），人力资源部负责协助。

第五条 招聘属非常规性的重要人事工作，招聘工作经费预算实行单独列账管理。

第六条 招聘流程。

招聘流程分为如下工作环节：提出人力需求、拟订招聘计划、发布招聘公告、人员筛选录用、招聘工作评估。

第七条 人力资源需求计划。

每年初人力资源部根据公司的整体计划编制年度人力资源需求计划，报公司领导审批。

（一）制订人力资源需求计划的基本依据：未来组织结构的预测、人员供求关系、现有人员的调配培训等。

（二）人员需求预测要综合考虑公司战略、可能获得的财务资源、竞争对手的人才政策、管理变革可能导致的公司规模变化以及员工流动等因素造成的人力资源需求的变动。

（三）人员供给预测要综合考虑内部人才和外部人才供给情况。

人力资源部建立内部人才库，信息包括每位员工的绩效记录及评价、职业兴趣、教育背景、工作经验、培训课程、外语水平、具备的技能和证书等。进行内部人才供给预测时要调用内部人才库，判断内部人员是否与所需工作相匹配。

在内部供给无法满足需求的情况下进行外部供给预测，外部供给预测要根据总体经济状况、全国和地方劳动力市场状况、行业劳动力市场状况和拟招聘职位的市场状况进行判断。

（四）人力资源部在人力资源需求与供给预测的基础上，制订出年度的人力资源需求计划。

第八条 各部门对于因人员调动或其他原因造成人力短缺的临时需求，在确认内部调配难以满足情况下，可以由部门主管填写《人员增补申请单》（附表1），报主管领导、院长批准后，由人力资源部组织制订补充需求计划和外部招聘计划。

第九条 拟订招聘计划。

招聘计划应包括招聘人数、招聘标准（年龄、性别、学历、工作经验、工作能力、个性品质等）、招聘经费预算、招聘具体行动计划等。

第十条 招聘实施。

根据招聘形式、招聘对象的不同，人力资源部负责组织执行不同的招聘公告发布、人员筛选录用工作流程。

第三章 招聘形式

第十一条 招聘形式分为内部招聘和外部招聘两种形式。招聘形式选择，要根据人才需求分析和招聘成本等因素来综合考虑。

一、内部招聘：

第十二条 鉴于内部员工比较了解企业的情况，对企业的忠诚度较高，内部招聘可以改善人力资源的配置状况，提高员工的积极性，公司进行人才招聘应优先考虑内部招聘。

第十三条 在尊重员工和用人部门意见的前提下，采用推荐、竞聘等多种形式，为供求双方提供双向选择的机会。

第十四条 招聘流程。

（一）内部招聘公告。

人力资源部根据公司所需招聘岗位的名称及职级，编制工作说明书，并拟定内部招聘公告。公告发布的方式包括公司内部网通知、在公告栏发布等形式。内部招聘公告要尽可能传达到每一个正式员工。

（二）内部报名。

所有正式员工在上级主管的许可下都有资格向人力资源部报名申请。

（三）筛选。

人力资源部将参考申请人和空缺职位的相应上级主管意见，根据职务说明书进行初步筛选。对初步筛选合格者，人力资源部组织内部招聘评审小组进行内部评审，评审结果经总经理批准后生效。

（四）录用。

经评审合格的员工应在一周内做好工作移交，并到人力资源部办理调动手续，在规定的时间内到新部门报到。

二、外部招聘：

第十五条 在内部招聘难以满足公司人才需求时，可以考虑外部招聘。

第十六条 招聘组织形式。

外部招聘工作的组织以人力资源部为主，其他部门配合。必要时公司高层领导、相关部门参加。

第十七条 外部招聘渠道。

外部招聘要根据岗位和级别的不同采取有效的招聘渠道组合。外部招聘人员来源可来自内部职工引荐人员、职业介绍所和人才交流机构人员以及各类院校的毕业生。具体招聘渠道如下：

（一）校园招聘。

每年春季将公司招聘信息及时发往各校毕业分配办公室。对专业对口的院校有选择地参加学校人才交流会，发布招聘信息并进行招聘活动。

（二）媒体招聘。

通过相关网站、大众媒体、专业刊物广告发布招聘信息，查阅网上应聘人员情况，建立公司外部人才库，根据需要考核录用。

（三）内部员工推荐。

公司鼓励内部员工推荐优秀人才，由人力资源部本着平等竞争、择优录用的原则按程序考核录用。

（四）招聘会招聘。

通过参加各地人才招聘会招聘。

（五）委托中介公司招聘。

对公司关键的管理和技术职位的招聘可考虑通过人才中介招聘。

第十八条 招聘流程。

（一）初步筛选。

报名截止后，根据招聘岗位的要求，由人力资源部会同各部门进行初选。审查求职者的个人简历和求职表，并根据收集到的求职者信息建立外部人才库。

（二）初试。

人力资源部向初选合格的求职者发面试通知，并要求其面试时提供学历、证书、身份证等相关证件的原件。初试由人力资源部人员（主试人）和用人部门共同组织，人力资源部对应聘人员的智力、品德和综合素质进行初试和评价，用人单位从工作经验与能力对应聘人员进行初试和评价。

主试人组织具体的初试工作，作好初试记录工作，并在《员工面试评估表（初试）》（附表2）意见栏中填写初步面试意见。初试结果分为三种：不予考虑、建议复试、人力储备。"拟予复试"的人员由人力资源部组织复试。

（三）复试。

1．复试由复试小组进行。

复试小组一般由以下三方面人员组成：①用人部门代表；②人力资源部经理；③资深专业人士。一般岗位的招聘可无资深专业人士，专业技术人才和管理人才的招聘必须有资深专业人士参加。高级专业技术人才和管理人才由院长负责面试，人力资源部负责组织和协调。

2．复试的实施。

复试过程中，复试小组成员填写《员工面试评估表（复试）》（附表3），表明对应聘者的评语及结论。复试结束后，小组成员讨论对各应聘者的意见并分别将评价结果填写在复试评价表上，送达用人部门主管及人力资源部备案，作为下一步行动的依据。重要岗位的复试可以考虑采取笔试的形式，由人力资源部和用人部门共同组织进行。

3．复审。

通过复试的应聘人员由分管部门的主管领导进行审核，并签署意见。所有拟录用的人员应经院长最后签字批准。

4．录用。

人力资源部根据应聘人员体检结果，对体检合格者办理录用手续。对社会应聘人员发试用通知书，并到相应劳动部门办理劳动手续；对被录用的应届毕业生向其所在高校发接受函，签订就业协议书。同时，人力资源部将面试结果通知落选的应聘者。

5．报到。

被录用员工必须在规定时间内向公司报到。如在发出录用通知15天内不能正常报到者，可取消其录用资格。特殊情况经批准后可延期报到。

应聘人员到公司报到后，需向人力资源部提供个人学历复印件备案，并填写《员工档案表》（附表4），同时签订试用劳动合同，试用期为3个月。员工必须保证向公司提供的资料真实无误，若一经发现虚报或伪造，公司有权立即将其辞退。

6．试用。

试用期的人员，尚不属于公司正式员工。在此期间，本人可以提前三个工作日提出辞职。试用人员如不能胜任本职工作或工作中出现重大失误，公司有权随时将其辞退。

第十九条 高级人才招聘。

为了满足公司对特殊人才的需求，公司建立人才特区，对高级人才采取特殊的招聘形式和管理方式。

（一）高级人才招聘渠道。

高级人才招聘主要通过特殊的外部招聘渠道。如人才中介、国外信息搜集渠道、国内研究机构和院校挖掘、同行业竞争对手处挖掘等渠道。

（二）高级人才面试形式。

高级人才可以不经过人力资源部的初试和面试小组的复试，由人力资源部经理、总经理及资深专业人士直接进行面试，人力资源部在高级人才招聘流程中起到搜集及传递高级人才相关信息和初步筛选的作用。

（三）高级人才薪酬政策。

对于高级人才，在招聘时可以采取谈判工资、并制订灵活的优秀人才雇佣合同。

第四章 招聘工作评估

第二十条 人力资源部应对招聘流程的每个环节进行跟踪，以检查招聘效果。从职位空缺是否得到满足、雇用率是否符合招聘计划的设计来检查；从求职人员数量和实际雇用人数的比例、接受雇用的求职人的转换率等来分别衡量招聘质量。

第二十一条 招聘活动结束后，人力资源部应调查求职者及新员工对招聘组织工作的意见、测量新员工的工作业绩、研究每种招聘渠道的时间、成本和效果等评估招聘活动，作为招聘工作进一步改进的依据。

第五章　附则

第二十二条　本管理办法由人力资源部负责解释。

第二十三条　本管理办法的拟定或者修改由人力资源部负责。

第二十四条　本管理办法自颁布之日起实施。

附表1：《人员增补申请单》

附表2：《员工面试评估表（初试）》

附表3：《员工面试评估表（复试）》

附表4：《员工档案表》

附表1：《人员增补申请单》

人员增补申请单

申请部门		申请日期	
职位名称			
隶属部门／部门人员			
直接领导			
直接下属			
岗位描述 （工作内容）			
任职要求	1. 性别：_____　年龄：_____ 2. 学历：_____　专业：_____　外语：_____　驾驶：_____ 3. 工作经验要求：_____ 4. 工作能力要求：_____		
拟到职日期：	_____年_____季度		
建议薪资：	试用期薪资：_____元／月　　转正薪资：_____元／月 其他：_____		
人力行政部门意见			
院长意见			

附表2：《员工面试评估表（初试）》

员工面试评估表（初试）

姓名			应聘岗位		
评分项目	评　　分				
	5	4	3	2	1
仪容仪表	优秀	良好	普通	差	极差
反应能力	优秀	良好	普通	差	极差
工作积极性	优秀	良好	普通	差	极差
对公司了解情况	优秀	良好	普通	差	极差
对应聘专业掌握情况	优秀	良好	普通	差	极差
总评	综合评价： □建议复试　　　□建议储备　　　□淘汰 面试部门：_____　　　面试人员：_____ 　　　　　　　　　　　　　　　　　　年　月　日				
人力资源部意见：					

附表3：《员工面试评估表（复试）》

员工面试评估表（复试）

姓名			应聘岗位		
评分项目	评　　分				
	5	4	3	2	1
仪容仪表	优秀	良好	普通	差	极差
反应能力	优秀	良好	普通	差	极差
工作积极性	优秀	良好	普通	差	极差
对公司了解情况	优秀	良好	普通	差	极差
对应聘专业掌握情况	优秀	良好	普通	差	极差

续表

总评	综合评价：			
	建议岗位：			
	□建议复试	□建议储备	□淘汰	
	面试部门：		面试人员：	
				年　月　日

人力资源部意见：
院长意见：

附件4：《员工档案表》

员工档案表（由员工本人填写）

填表日期：20　年　月　日

姓名			出生日期		
性别			毕业院校		
民族			入党时间		
身高		体重		健康状况	
血型		婚否		学位	
籍贯			驾照/驾龄		
身份证号码			E-mail：		
手机及家庭电话					
通讯地址					

工作经历	时间段	公司名称	职务	离职前收入

教育经历	时间段	学校/培训机构	专业/培训内容	取得证书

爱好特长					
家庭成员	姓名	关系	年龄	单位	职位	电话

问题调查
请简述您的性格特点：
您觉得您的优点和缺点是什么：

续表

职业规划：
另附上身份证、驾照、学历证书等证件的复印件。
本人承诺： 　　保证所填写资料真实，否则后果自负。 　　　　　　　　　　　　　　　　　　　　　　　　本人签字： 　　　　　　　　　　　　　　　　　　　　　　　　日　　期：

员工异动管理办法

第一章　总则

第一条　目的：为加强员工异动管理，完善人力资源管理流程，促进公司人才队伍建设，结合公司的实际情况，制定本管理办法。

第二条　适用范围：本办法适用于公司所有在职员工。

第三条　本办法包括岗位调动管理、职位变动管理、离职管理等。

第二章　岗位调动管理

第四条　调动目的。

（一）通过人事调整，合理调配公司内部人力资源。

（二）通过员工异动，达到工作和人力资源的最佳匹配，实现人尽其才，提高工作绩效和满意度。

（三）通过调整，理顺公司内部人际关系和工作关系。

第五条　调动原则。

人尽其才；岗位匹配。

第六条　调动形式。

（一）调岗：调岗是指同岗位等级或不同岗位相同等级员工流动。表现为部门内部不同岗位调动、公司内部不同部门间岗位调动；因机构调整或业务需要，或考虑员工工作能力和发展意向，可安排员工调岗；当公司内部出现岗位空缺时，除考虑内部提升及外部招聘外，可考虑平级调岗，公司有关部门及员工本人均可提出调岗。

（二）待岗：当员工被认为绩效表现及工作能力不能胜任本岗位工作需要，或经过教育培训仍无法达到要求时，部门可向人力资源部提出安排其待岗。

第七条 调动程序。

（一）调岗：

1．公司提出的调岗，由人力资源部负责协调，取得调出与调入部门负责人的同意后，根据员工原岗位工作状况和绩效档案，填写《员工调动审批表》再报领导逐级审批。由员工本人提出的调岗，应由本人提出书面调岗申请，并报所在主管领导同意后，再填写《员工调动审批表》。

2．调动实施：人力资源部向员工和有关部门发出《员工调令》，办理工作交接手续。

3．工作交接：经原岗位直接上级和新岗位直接上级及公司领导签字同意，调岗员工在原部门和相关部门办理完工作交接手续后，持《员工调令》可到新工作岗位上岗。员工调动交接手续须在5个工作日内完成，工作交接要求见《工作交接表》。

4．员工如不符合调动岗位条件，未被批准调岗时，人力资源部门要配合原工作部门做好其思想工作，劝其在原工作岗位安心工作。

5．由晋升、降职引起的岗位变动，参照上述规定执行。

（二）待岗：

待岗应由用人部门以书面形式提出，说明待岗理由，提交人力资源部，并按权限进行审批。待岗期间按××市最低工资标准发放工资，待岗时间原则上不超过三个月，在待岗期间本人可自行联系接收部门也可由公司安排，如果超过三个月仍没有部门接收，做辞退处理。

第八条 调动审批权限。

（一）基层员工在部门内部的调岗由部门领导审批，提交人力资源部备案；跨部门调动由其部门领导向人力资源部门提出申请，报主管领导审批；或由人力资源部直接提出调动意见，报主管领导审批。

（二）主管级以上员工的调动由所在部门经理或人力资源部提出初步意见，报主管领导审批。

（三）高层管理人员的调动由院长提出意见，股东会负责审批。

第三章　职位变动管理

第九条　职位变动目的。

（一）为员工提供一次重新认识自己及工作的机会，帮助员工自我提高。

（二）有利于不断提高员工的业务技能和综合素质，有助于选拔优秀人才，激发员工的进取心和工作热情，保证公司稳步、健康发展。

（三）鼓励员工最大限度地发挥潜能，并通过承担更大的责任实现自我价值。

第十条　职位变动原则。

（一）人员职位变动须符合岗位工作要求，适合公司发展需要。

（二）公平、公正、公开，以绩效为准绳。

第十一条　职位变动形式。

（一）晋升。

（二）降职。

第十二条　职位变动审批。

由人力资源部填写《员工职位/工资变动审批表》，按审批流程审批通过方可执行。

第四章　离职管理

第十三条　离职管理目的。

（一）为规范离职员工的工作交接和结算活动，以保证工作的延续性。

（二）为保护员工与公司的合法权益，避免离职纠纷。

（三）通过离职面谈获取相关信息，提高公司管理水平。

（四）提高在职员工素质。

第十四条　离职管理原则。

（一）确保公司人员相对稳定，维护正常的人员流动秩序。

（二）认真细致、依法办理。

第十五条　离职形式。

离职是指在职员工（含试用期员工）与公司解除劳动关系，表现形式有：

（一）辞职：指员工因本人原因离开公司，解除与公司的工作关系。正式员工辞职应提前三十天（试用期员工提前三天）向人力资源部门递交书面辞职报告。

（二）辞退：指公司根据相关规章制度、管理规定或协议，决定终止与员工聘用关系的行为，符合下列条件之一的员工，部门负责人或人力资源部门可提出辞退建议；

1．员工在试用期内被证明不符合录用条件的。

2．正式员工不能胜任现任工作，经培训或调整工作岗位，仍不能胜任工作的。

3．《劳动合同》期满且用人部门不同意续签合同的。

4．因病或非因工负伤医疗期满后，不能从事原岗位工作也无适当岗位安排的。

人力资源部对正式员工提前三十天（试用期员工提前三天）给出解除劳动通知。

（三）开除：

1．严重违反劳动纪律或公司规章制度的。

2．严重失职、营私舞弊，对公司利益造成重大损失的。

3．员工在任职期间，未经批准在其他公司兼职的。

4．员工被依法追究刑事责任或劳动教养的。

5．员工入职时提供虚假个人情况资料者。

6．在工作业绩上弄虚作假者。

7．当月连续旷工五天或一年内累计旷工超过十天者。

8．未经公司同意擅自利用公司名义进行个人技术与经济商贸活动，或泄露公司重大商业秘密者。

（四）自动离职：

1．员工辞职必须办理辞职手续，对未提出辞职申请或未办理正常辞职手续即离开公司三个工作日以上的行为视为自动离职。

2．员工自动离职后，其所在部门负责人在员工自动离职5个工作日内向人力资源部门提交《员工自动离职报告》，并配合相关部门清查该员工是否有财、物遗留问题。

审核确认后由人力资源部门负责对离职手续办理情况进行跟踪落实。

第十六条 离职程序。

（一）离职申请。

1．辞职：正式员工辞职应提前1个月（试用期员工提前3天）提出辞职请求。

同时向人力资源部门提交书面辞职报告，经批准后，填写《员工离职审批表》，报领导逐级审批。

2．辞退、开除：部门负责人根据公司规定，实事求是考核员工的表现或特定事实，填写《员工离职审批表》，提出辞退建议，并签署意见转人力资源部门核实，由人力资源部门负责报领导逐级审批。

（二）离职面谈。

1．人力资源部门要与离职员工积极沟通，对绩效良好的员工努力挽留，探讨改善其工作环境、条件和待遇的可能性。

2．员工离职时，人力资源部门负责与离职员工进行面谈，了解离职员工心声，同时收集所需相关信息。

（三）离职审批。

辞职申请或辞退（开除）建议被批准后，由该员工的直接上级通知员工办理岗位工作移交手续，人力资源部办理合同解除手续。

（四）工作交接。

参照《工作交接表》。

（五）结算费用。

1．所有必需的离职手续办妥后，员工到人力资源部门领取《员工离职结算通知单》。

2．离职员工工资、福利待遇的截止日为正式离职日期。

（六）离职员工结算款项。

1．结算工资：应付未付的工资。

2．公司应付员工的其他款项。

3．结算款项必须扣除以下项目：

（1）员工应付而未付的公司借款、罚金；

（2）员工对公司应交而未交物品的赔偿金；

（3）偿还公司为其提前支付的保险投保费用；

（4）公司外派培训、学习；未满规定的服务期限者，按服务年限长短，采取逐渐递减的方式将培训、学习所报销的费用退还公司；如应扣除费用大于支付给员工的费用，则应在收回全部费用后才予办理相关手续。

（七）开具证明。

1．员工离职手续办理结束，由人力资源部门办理合同解除手续、社会保险手续，开具《解除劳动合同关系证明》。

2．员工离职相关手续的办理过程以保密方式进行。

第十七条　离职审批权限。

（一）员工的离职申请、《员工离职审批表》报部门及公司领导逐级审批后，准予离职。

（二）高层管理人员的离职由股东会批准。

第五章　其他

第十八条　员工异动档案管理。

（一）人员异动手续作为员工档案的组成部分保存。

（二）异动过程中如需转移员工档案，应根据情况予以转出或转入。

（三）根据公司员工每月变动情况，由人力资源部门编制《员工异动情况汇总表》，存档备查。

第十九条　本办法由公司人力资源部负责解释。

第二十条　本办法自董事会审批之日起执行。

附表1：《员工调动审批表》

附表2：《工作交接表》

附表3：《员工调令》

附表4：《员工职位／工资变动审批表》

附表5：《员工离职审批表》

附表6：《员工离职结算通知单》

附表7：《解除劳动合同关系证明》

附表8：《员工异动情况汇总表》

附表1：《员工调动审批表》

员工调动审批表

填表日期：　　年　　月　　日

姓名		入职时间		调动形式	□调岗　□待岗	
拟调动岗位		派出部门		派往部门		
调岗原因						
调岗或待岗后的直管上司、岗位职责、工作内容描述						
调岗或待岗后的职位及工资，新岗位到岗时间						
员工本人对以上调岗或待岗的工作内容及工资待遇是否认可	签字：　　　　　　　　　　　　　　年　月　日					
调出部门主管领导意见	签字：　　　　　　　　　　　　　　年　月　日					
调往部门主管领导意见	签字：　　　　　　　　　　　　　　年　月　日					
人力资源部门主管领导意见	签字：　　　　　　　　　　　　　　年　月　日					
院长意见	签字：　　　　　　　　　　　　　　年　月　日					

（调岗原因栏：此页不够可另附页）

附表2：《工作交接表》

工作交接表

交接人签字：　　　　　　　　　　　　　填表日期：　　年　　月　　日

姓名		部门		职位		到职日期	
交接原因	□调岗　　□待岗　　□离职						

续表

员工应按以下项目办理工作交接			
经办部门	应移交事项	交接／经办人签字	监交人签字
原部门	1．工作交接清单 □有（请附详细的交接文档，请详细说明： ①目前操作完毕的事项；②目前正在操作的事项；③下一步计划操作的事项；④明确各项工作内容、工作进度、工作计划和相关联系对象、地址电话等应交接事宜） □无 2．业务资料（客户资料，原工作相关资料文本等） □有　　□无		
财务部门	1．有无欠账借款报销、差旅费等 2．有无未清财务 3．有无合同		
人力资源部门	1．原个人领用的钥匙、饭卡（注明剩余费用）、物品等 2．原个人保管办公用品交接 3．个人领用计算机及密码 4．工作邮箱的删除工作 以下部分内容在员工离职后由经办人按实际时间填写 5．离职／户口转出公司时间： 6．离职／实习证明开具时间： 7．最终工资结算及发放时间：		
直接主管签字：		原部门领导签字：	
新部门领导签字：		人力资源部领导签字：	
说明：1．上列事项均办理清楚后，方可以办理调岗、离职，未办理完善者，未领薪资不予发放，并依公司受损情况索赔。2．本表一式三份，交接双方各一份，人力资源部存档一份。			
备注：			

附表3：《员工调令》

员工调令（员工本人留存）

根据工作需要，经研究决定，将你由＿＿＿＿＿＿＿部调入＿＿＿＿＿＿＿部担任＿＿＿＿＿＿＿岗位的工作，你的直管上司为＿＿＿＿＿＿＿＿＿。请及时做好工作交接，于

_____年____月____日到新部门报到上岗。

人力资源部：
年　月　日

员工调令（调往部门留存）

_____部门：

　　根据工作需要，经研究决定，将_____由_____部调入_____部担任_____岗位的工作，直管上司为_____。该员工于_____月_____日到你部门报到上岗，请做好工作安排。

人力资源部：
年　月　日

员工调令（人力资源中心留存）

　　根据工作需要，经研究决定，将_____由_____部调入_____部担任_____岗位的工作，直管上司为_____。该员工于_____月_____日到新部门报到上岗，工资变动为_____，请人力资源中心做好档案记录。

人力资源部：
年　月　日

员工调令（财务部门留存）

　　根据工作需要，经研究决定，将_____由_____部调入_____部担任_____岗位的工作，直管上司为_____。该员工于_____月_____日到新部门报到上岗，工资变动为_____，请财务部门做好相关记录。

人力资源部：
年　月　日

附表4：《员工职位/工资变动审批表》

员工职位/工资变动审批表

部门：

姓名		性别		出生年月		入职年月	
毕业院校及专业							
调薪调岗记录 （以上由人力资源部填写）							
原职位 （由所属部门填写）				原工资标准及补助 （由人力资源部填写）			
拟调整职位 （由所属部门填写）				拟调工资标准及补助 （由人力资源部填写）			
拟调薪资起始日期 （由人力资源部填写）							
工作内容 （由所属部门填写）							
调薪理由 （由所属部门填写）		□晋升		□其他原因（写明原因）			
主管领导意见							
人力资源部意见							
院长意见							

附表5：《员工离职审批表》

员工离职审批表

姓名		部门		职位	
到职日期：	年 月 日		离职日期：	年 月 日	
离职形式	□辞职	□辞退	□开除		
辞职原因： 　　　　　　　　　　　　本人填写并签名：　　　　　年　月　日					
辞退原因： 　是否有补偿工资，如有，补偿共计　　　元，于　　年　月　日发放。 　　　　　　本人认可被辞退原因并接受补偿方案，签名：　　年　月　日 　　　　　　　　　　　　部门领导填写并签名：　　　年　月　日					

续表

开除原因:				
有/无补偿:				
	本人签名:	年	月	日
	部门领导签名:	年	月	日
财务部门（离职审计情况）	签字:			
人力资源部门	签字:			
主管领导	签字:			

附表6：《员工离职结算通知单》

员工离职结算通知单

财务部门：

　　_____同志于_____年_____月_____日离职，离职手续已办理完毕。请你们给予办理结算手续。

　　备注：此通知单一式二份，人力资源部门，财务部门各一份。

人力资源部：
年　月　日

员工离职结算通知单

财务部门：

　　_____同志于_____年_____月_____日离职，离职手续已办理完毕。请你们给予办理结算手续。

　　备注：此通知单一式二份，人力资源部门，财务部门各一份。

人力资源部：
年　月　日

附表7：《解除劳动合同关系证明》

解除劳动合同关系证明

根据《劳动合同书》和《劳动法》相关规定，某旅游规划设计有限公司与_____通过协商一致，于_____年_____月_____日解除劳动合同关系，工资及个人往来账务已全部结算完毕。

特此证明！

本人确认签字：

某旅游规划设计有限公司
年　月　日

附表8：《员工异动情况汇总表》

员工异动情况汇总表

填表日期：年 月 日

1. 新入职员工

序号	姓名	性别	所属部门	职位	学历	入职日期	出生年月	电话	备注

2. 离职员工

序号	姓名	性别	所属部门	职位	学历	离职日期	出生年月	电话	备注

3. 调岗员工

序号	姓名	性别	所属部门	职位	学历	调岗日期	出生年月	电话	备注

4. 在职员工情况

序号	部门	现有人数	姓名	性别	出生年月	岗位	学历	入职日期	电话	备注

员工考勤管理办法

第一章 总则

为严肃工作纪律，改进工作作风，保持良好的工作秩序，结合公司实际情况，制定本规定。

第二章 出勤管理

第一条 本规定适用于公司全体员工。

第二条 员工考勤主要考查员工出勤（迟到、早退、旷工）、请假或出差等情况。

第三条 作息时间。

（一）工作时长：每周一至周五为正常工作日，每工作日工作时长为6小时。

（二）每周工作时长为30小时。

（三）标准作息时间：

公司全年实行标准工作时间：

上午工作时间：08:30～11:30；

午休时间：11:30～13:30；

下午工作时间：13:30～16:30。

第四条 考勤管理。

（一）公司所有出勤人员每天上下班必须登记《员工签到表》（附表1）。未填写签到表，均视为未出勤或早退。

（二）如因工作原因需外出或出差导致未正常登记，须填写《办公外出登记表》（附表2）或《出差计划审批表》（附表3），经部门领导签字认可后，由人力资源部备案。

（三）考勤周期：自每月1日起至当月月底止。

第五条 迟到/早退管理。

（一）定义：晚于8:30上班，记为迟到；早于下午4:30下班，记为早退。

（二）迟到和早退，每次罚款20元；当月累计达到三次以上，每次罚款50元；

（三）当日迟到或早退达到2小时，按旷工半天处理。

（四）如有特殊或紧急情况，需提前电话通知部门领导和人力资源部，事后提交特殊情况说明或补签《请假申请单》（附表4）。

（五）迟到和早退月度累计次数超过5次，公司有权扣发当月奖金。

第六条 旷工管理。

（一）旷工定义：员工无故缺勤或无考勤记录，一律记为旷工。

（二）旷工期间按照旷工天数扣发双倍工资。月旷工累计超过3天（含）或年旷工累计超5天（含），公司有权解除劳动合同并扣发当月奖金及当年年终奖励。

第七条 考勤统计及公布。

（一）每月3日之前，人力资源部将根据员工签到记录、考勤记录、请假记录、出差记录等相应表单进行员工考勤统计（相关表单必须是按审批程序审批通过的方属有效）；发现空白记录，如无相关记录或说明，一律作旷工处理，并告知其所属部门负责人。

（二）每月4日，人力资源部需将考勤统计情况进行公示。每月5日之前，员工可就有异议的考勤记录与人力资源部进行查询、确认和校正；过期则视为无异议。

第三章 附则

第八条 本管理办法由人力资源部负责解释。

第九条 本管理办法的拟定或者修改由人力资源部负责。

附表1：《员工签到表》

附表2：《办公外出登记表》

附表3：《出差计划审批表》

附表4：《请假申请单》

附表1：《员工签到表》

员工签到表

年　月　日

序号	姓名	上班时间	下班时间
1			
2			
3			
4			
5			
6			
7			
8			
9			
10			
11			
12			
13			
14			
15			
16			
17			

附录四
某旅游规划设计有限公司管理制度

附表2：《办公外出登记表》

办公外出登记表

序号	姓名	所属部门	外出事由	日期	外出时间	返回时间	部门负责人签字	备注
1								
2								
3								
4								
5								
6								
7								
8								
9								
10								

附表3:《出差计划审批表》

出差计划审批表					
申请人		申请部门		预计时间跨度	年 月 日 至 年 月 日	申请时间	年 月 日

出差计划审批表(续)					
出差目的					
随行人员					
拜见客户信息					
准备情况及所需					
行程路线明细	出发		回程		预估合计费用
序号	日期	地点	拜访客户姓名,职务	联系洽谈事直	进度	预计费用
1						
2						
3						
4						
5						
部门领导审批意见	财务部审批意见		主管领导审批意见		院长审批意见	

附表4:《请假申请单》

请假申请单

姓名		所属部门		填表日期	
请假类别	☐事假　☐病假　☐婚假　☐产假　☐丧假　☐其他(请注明)				
请假事由					
请假时间	月 日 时 至 月 日 时 （共计 天 小时）				
部门主管意见					
人力行政部门意见					
院长意见					

员工请休假管理办法

第一章 总则

为规范劳动纪律，打造良好的工作氛围，维护公司和员工的共同利益，特制定本管理办法。

第二章 请假

第一条 病假。

病假是指因病需治疗或休养而无法正常到岗工作。

员工提请病假，须提前1日办理请假手续，填写《年度请休假卡》（附表1）并得到审批同意后方可休假。如因紧急病症无法提前办理请假手续，应在假前向部门领导电话申请，并于返岗后补办请假手续。

病假结束后，返岗1个工作日内须办理销假手续；并提供当地市级以上医院的诊断书，否则按旷工处理。

病假期间薪资按日扣发。

第二条 事假。

因私事待理可请事假，事假要提前3天申请，填写《年度请休假卡》并得到审批同意后方可休假。如遇临时突发事件，应在假前向部门领导电话申请，并于返岗后补办请假手续。

事假结束后，返岗1个工作日内须办理销假手续；否则按旷工处理。

事假当日超过3个小时，按半个工作日薪资扣发；当日超过6个小时，按1个工作日扣发。

第三章 休假

第三条 范围。

（一）法定公休日（周六、周日）。

（二）法定节假日（元旦、春节、五一、十一、清明、端午、中秋）。

（三）带薪年假。

（四）婚假。

（五）丧假。

（六）病假。

（七）生育假。

（八）事假。

（九）探亲假。

第四条 法定公休日。

公休假日为：每周星期六、星期日。

第五条 法定节假日。

（一）元旦放假1天（1月1日）。

（二）春节放假3天（农历腊月除夕至正月初二）。

（三）五一劳动节放假1天（5月1日）。

（四）十一国庆节放假3天（10月1日、2日、3日）。

（五）清明节放假1天（4月4日）。

（六）端午节放假1天（农历五月初五）。

（七）中秋节放假1天（农历八月十五）。

如遇闰月，以第一个月为休假日。允许与法定公休日上移下错，形成连休，具体以国务院办公厅关于节假日放假的通知精神为准。

第六条 年休假。

（一）为合理安排公司员工工作和休息时间，维护员工休息权利，调动员工积极性，公司员工在本公司连续工作一年以上者可享受带薪年休假待遇，具体如下：

1．公司员工连续工作已满1年不满5年者，年休假为5天；

2．已满5年不满10年者，年休假为10天；

3．已满10年及以上者，年休假为15天。

（二）国家法定公休日、节假日不计入年休假假期。

（三）员工休年休假，由公司根据生产、工作的具体情况，并考虑员工本人意愿，统筹安排。

（四）员工年休假在一个年度内可以集中安排，也可以分段安排，一般不跨年度安排。公司因生产、工作需要确有必要跨年度安排员工年休假的，可以跨一个年度安排，但不得连续跨二个及以上年度安排。

（五）公司确因工作需要不能按照本办法规定安排年休假的，除应当支付职工正常工资福利待遇外，还应当每日按照该员工的日工资标准给予补偿。

（六）年休假只限员工本人使用。

第七条 婚假。

公司员工符合《中华人民共和国婚姻法》中相关规定对于已到结婚年龄（即男方不得早于22周岁，女方不早于20周岁）并依法履行登记手续结婚的员工，公司给予婚假，具体如下：

（一）员工符合法定年龄结婚（包括再婚）可享受3天婚假。需到外地料理婚事的，公司将根据往返路程实际需要天数给予1至3天的路程假，但两者合计最多不超过6天，途中的车船费等，全部由职工自理。

（二）员工晚婚（即男方满25周岁初次结婚，女方满23周岁初次结婚）增加婚假15天。需到外地料理婚事的，公司将根据往返路程实际需要天数给予1至3天的路程假，但两者合计最多不超过21天，途中的车船费等，全部由职工自理。

（三）婚假不包含法定公休日、节假日。

婚假应当在登记结婚当年或次年一次休完，逾期不休或少休的，假期自动取消。

（四）婚假（包含路程假）期间工资照发。

第八条 丧假。

员工的父、母、公、婆、岳父、岳母、夫（妻）、祖父、祖母、外祖父、外祖母死亡公司给丧假3天。员工在外地的直系亲属死亡需员工本人去外地料理丧事的，根据路途远近另给予路程假。丧假期间工资照发，途中的车船费等由员工自理。

第九条 生育假。

（一）产假。

1. 顺产：产假90天，其中产前休息15天，产后休息75天；剖腹产产假增加15天，多胞胎生育者，每多生育一个婴儿，增加产假15天。

2. 流产：妊娠3个月以内自然流产或子宫外孕者，给予产假30天。妊娠3个月以上、7个月以下自然流产（终止妊娠）者，根据医疗机构的证明视情况给予休假15～45天。

3. 怀孕7个月（含以上）的女员工，部门不得安排其从事夜班劳动并在工作时间内应当安排一定的休息时间。

4. 怀孕的女员工，在劳动时间内进行产前检查，应当算作劳动时间。

5. 男员工配偶生育的，公司给予护理假5天。

6．女员工法定婚龄三年以上的为晚育，晚育女员工公司给予产假180天。已婚男员工的配偶符合晚育条件，该员工可享受晚育护理假10天。

7．女员工产假及男员工护理假，假期工资照发。

（二）哺乳假。

1．生育不满1周岁婴儿的女员工，公司给予两次哺乳（含人工喂养）时间，每次30分钟。多胞胎生育的，每多哺乳一个婴儿，每次哺乳时间增加30分钟。女员工在工作时间内的两次哺乳时间可以合并使用。哺乳时间和在本公司内哺乳往返途中的时间均算作劳动时间。

2．女员工在哺乳期内，部门不得安排其从事国家规定的第三级体力劳动强度和哺乳期内禁止从事的劳动，不得延长其劳动时间和安排其从事夜班劳动。

3．哺乳假期工资照发。

第十条 探亲假。

（一）员工人事关系已办理且工作满一年的员工（含驻外埠企业工作的员工），公休假日不能与配偶团聚或未婚员工不能与父母团聚的，可以享受探亲假待遇；

（二）员工探望配偶的，每年给予一方探亲假一次，假期为30天；未婚员工探望父母的，原则上每年给假一次，假期为20天。另外，根据往返路程另加路程假。上述假期均包括公休假日和法定节假日；

（三）员工休假的往返路费（硬座火车票、普通仓船票、长途公共汽车票），由员工所在单位承担；

（四）员工探亲假应在不影响工作的前提下安排；

（五）员工在规定的探亲假和路程假期间，按本人的岗位工资标准发给工资；

（六）员工派驻外埠企业，符合享受探亲假条件的，休假可不受每年一次的限制，在不突破应休假总天数的前提下，可分多次休假，具体安排由企业根据工作需要提出休假计划。休假往返路费按探亲假规定标准由所在企业每年承担两次费用。

第四章 附则

第十一条 本管理办法由人力资源部负责解释。

第十二条 本管理办法的拟定或者修改由人力资源部负责。

附表1：《年度请休假卡》

附录四
某旅游规划设计有限公司管理制度

附表1：《年度请休假卡》

年度请休假卡

起止时间	事由	病假		事假		探亲假		年假		婚假		产假		丧假		工伤假		其他		职务代理人		审批	
		本次（时）	累计（时）	本次（时）	累计（时）	本次（时）	累计（时）	本次（时）	累计（时）	本次（时）	累计（时）	本次（时）	累计（时）	本次（时）	累计（时）	本次（时）	累计（时）	本次（时）	累计（时）	本次（时）	累计（时）	直接主管	总经理
月 日 时 分起 月 日 时 分止																							

员工档案管理办法

第一章 总则

第一条 目的。

为保证公司员工档案科学、完整管理,为公司人力资源管理提供真实、有效的依据,特建立此办法。

第二条 适用范围。

公司所有在职员工的档案。

第三条 权责单位。

人力资源部负责本办法制定、修改、废止之工作;由股东会负责本办法的审批。

第二章 管理内容

第四条 公司为每位员工建立公司员工档案,记录员工在应聘及入职后的个人基本情况及考核、奖惩、职位、薪资变动情况,以下资料纳入公司人事档案范围内:

(一)个人简历;

(二)《应聘人员登记表》或《员工人事档案表》(附表1);

(三)身份证复印件;

(四)学历证书复印件;

(五)驾驶证复印件;

(六)劳动合同或用工协议;

(七)《试用期员工转正审批表》(附表2);

(八)奖惩记录;

(九)与公司签订的其他合同、协议,如保密协议、廉政协议;

(十)《离职申请单》;

(十一)其他有必要纳入档案的资料;

（十二）注意培训档案单独管理，不纳入员工档案范围内。

第五条 档案建立、维护及销毁。

（一）人事专员负责员工档案的建立及维护工作，自员工入职第一天起为员工建立档案，员工入职后转正、岗位变动、薪酬调整等资料在调整后的一周内放入员工档案；

（二）员工档案管理人员负责将员工档案按工号统一管理，以便查询；

（三）辞职、辞退员工的档案从在职人员档案中提出，单独保管2年后销毁。

第六条 档案查询权限。

员工档案涉及员工个人及家庭信息等资料，档案管理人员应严格做好保密工作，不得随意翻阅、泄露员工档案内容，办公室主任因工作需要可以查阅员工档案，本部门经理因工作需要可以查询本部门员工档案，其他人因工作需要经办公室主任同意后方可查询员工档案。

第三章 附则

本管理办法所指的员工档案指员工进入本公司后的档案，不含员工进公司前的人事档案。

附表1：《员工人事档案表》
附表2：《试用期员工转正审批表》

附表1：《员工人事档案表》

员工人事档案表

部门：　　　职务：　　　入职时间：　年　月　日　　　员工编号：

姓名		性别		出生日期		照片
民族		身高		体重		
健康状况		婚姻状况		政治面貌		
毕业学校		最高学历		主修专业		
爱好				专长		
籍贯				身份证号		
户籍所在地					邮编	
家庭现住址					本人电话	

续表

紧急联络人	姓名		关系		联系电话	
家　庭　成　员							
关系	姓名	年龄	工作单位		职务	联系电话
教 育 经 历						
起止时间		毕业院校		专业		学历
工 作 经 历						
起止时间		公司名称		职务	薪资	劳动关系

附表2：《试用期员工转正审批表》

试用期员工转正审批表

姓名			所在部门		岗位	
试用期间		年　月　日至　年　月　日				
部门考评内容（部门总监填写）						
考评内容		评估要点			对应分值	评价（对应项打"√"）
工作业绩	绩效	绩效突出，优质高效地完成工作任务			30	
		绩效较突出，基本能完成工作任务			24	
		绩效一般，基本能完成任务			18	
		绩效较差，不能及时完成交代任务			9	
	勤勉度	非常勤勉			20	
		比较勤勉，偶尔需要人提醒			16	
		勤勉度一般，需要人提醒工作			12	
		时常忽视工作，必须经常提醒			6	
	本项得分小计＝					

续表

工作能力	沟通协调能力	能与同事很好地协调相处	20	
		基本能与同事协调相处	16	
		与同事相处一般，沟通较少	12	
		协调相容性较差，缺乏团队精神	6	
	解决问题能力	对指派的工作有极佳知识，很少需要指导	20	
		熟悉业务，偶尔需要指导	16	
		对岗位要求了解不足，需要较多指导	12	
		相关知识较少，需要全程指导	6	
	学习能力	学习能力很强，轻松掌握新工作	10	
		学习能力较强，适应公司节奏	8	
		学习能力一般，能满足新工作基本需要	6	
		学习能力较差，转换工作较难	3	
	本项得分小计＝			
部门考核总体得分：　　分				
评价等级：□重点培养（90～100分） 　　　　　□合格（71～85分） 　　　　　□重点考虑，一票否决（60～70分） 　　　　　□不合格（60分以下）				
人力行政考评内容（人力行政总监填写）				
试用期期间考勤汇总：请假＿＿天　迟到＿＿次　早退＿＿次 对公司管理制度和文化的认同：□认同　□不认同				
部门简评	试用期考核情况：（该员工的优势、不足、应关注方面、应培养方向等） 直接主管评价： 评价人：			
	部门负责人评价： 评价人：			
	部门建议： □同意转正　　□转正并调整岗位　　□辞退 建议转正后岗位为：			
人力行政中心意见	□同意转正 □转正并调整岗位 □辞退 转正后工资及其他福利待遇为： 签字：			
院长签署意见	签字：			

劳动合同管理办法

第一章 总则

为规范公司管理,建立良好有序的劳动和用工关系,依据国家和地方的相关法律法规,结合公司的实际情况,特制定本管理办法。

第二章 劳动合同

第一条 公司实行全员劳动关系的合同管理。员工转正后,须与公司签订正式的劳动合同。

第二条 劳动合同以书面形式订立,劳动合同的内容以国家和地方相关劳动合同范本为参考依据,制定基本条款。对企业中层以上人员、专业技术人员、学士学位以上人员、技术性较强岗位人员,以及需要约定其他事项的岗位人员,约定补充条款。

第三条 公司与员工约定的试用期不包括在劳动合同期限之内。

第四条 对涉及商业秘密的岗位人员,须签订《保密合同》。涉及的岗位人员须约定违约责任。

第五条 对因岗位(职位)变动而导致劳动合同期限、违约责任、违约金额度变化的,须及时变更劳动合同有关条款或签订补充协议。对达不到劳动合同期限离开企业的人员,除支付违约金外,还要按认股权方案、员工购房管理办法等规定,对配购的股权、购房等进行清理。

第六条 新招用员工订立劳动合同时,必须查验《解除(终止)劳动合同通知书》或者其他能够证明该人与任何单位不存在劳动关系的证明。对尚未与其他单位解除(终止)劳动合同的人员不得招用,更不得与其订立劳动合同。因员工出具虚假证明而签订劳动合同的,有权解除其合同;对出具虚假证明签订劳动合同而引发的一切责任完全由员工个人承担。

第七条 员工有下列情形之一的,予以解除合同,不予支付经济补偿金:

(一)在试用期间被证明不符合录用条件的;

（二）严重违反劳动纪律或企业规章制度的；

（三）严重失职，营私舞弊，对企业利益造成重大损害的；

（四）被依法追究刑事责任以及被劳动教养、拘役的；

（五）与其他企业形成事实劳动关系的；

（六）按照劳动合同约定的解除条款因个人原因解除合同的。

第八条 有下列情形之一的，可以解除合同，但应当提前三十日以书面形式通知员工本人，并按国家规定支付经济补偿金：

（一）员工患病或者非因工负伤，医疗期满后，不能从事原工作也不能从事单位另行安排的工作的；

（二）员工不能胜任工作，经过培训或者调整工作岗位，仍不能胜任工作的；

（三）劳动合同订立时依据的客观情况发生重大变化，致使原劳动合同无法履行，经当事人协商不能就变更劳动合同达成协议的；

（四）企业整顿期间，或生产经营状况发生严重困难确需裁减人员的。

第九条 员工有下列情形之一的，不得依据第十一条的规定解除劳动合同，但如同时存在第十条规定的情况之一的，可根据第十条的规定解除劳动合同：

（一）患职业病或因工负伤并被确认丧失或部分丧失劳动能力的；

（二）患病或负伤，在规定的医疗期内的；

（三）女员工在孕期、产期、哺乳期内的；

（四）法律、行政法规规定的其他情形的。

第十条 劳动合同期限届满，可根据生产经营工作需要，即时终止劳动合同或及时续订劳动合同。续订时，可以维持原劳动合同的条款，也可以协商变更原劳动合同的条款。因未办理终止或续订手续而形成事实劳动关系，如出现赔偿的，由相关责任人承担赔偿责任。

第十一条 按照择优续订的原则，员工劳动合同的续订应在对员工进行考核评价的基础上进行。

第十二条 员工订立劳动合同，应遵循平等自愿、协商一致的原则。

第十三条 劳动合同签订后应在三十日内到劳动行政部门鉴证。劳动合同书企业与员工各执一份。

第三章　保险福利

第十四条　企业依据国家有关规定参加基本养老、失业、基本医疗等社会保险，并按时足额缴纳费用，员工依法享受有关待遇。

第十五条　企业和个人应当缴纳的社会保险费，由企业按月向社会保险经办机构进行缴纳。个人应当缴纳的社会保险费，由所在企业从其本人工资中代扣代缴。

第十六条　员工自办理人事关系的下月起办理各项社会保险关系，其中基本养老保险缴纳时间自员工报到之日算起（毕业生自正式派遣之日算起）。员工人事关系和养老保险关系未办理和转移前，暂不能建立保险关系，待人事关系和养老保险关系转入后再按规定补交；员工报到之前的欠缴费用由本人自行解决。由于员工个人原因造成欠缴费用而形成的滞纳金由员工个人承担。

第十七条　员工参加基本医疗保险后，其医疗费用企业不再负担，由保险部门按规定标准分别从个人账户或统筹基金中支付，或由个人承担。对没给予投保的聘用人员，由所在单位申报，经公司部门审核批准后，医疗费用可按照公司规定的标准由所在单位报销。企业在没参加医疗保险前，员工医疗费用暂按公司现行规定的报销标准执行。

第十八条　公司对合同制在岗的员工、聘用员工中的企业中层以上人员实行住房公积金制度。

员工奖励与处罚管理办法

第一章　总则

为规范公司内部管理，激发员工的工作热情和工作潜能，建立明确的是非观念，做到奖罚分明，特制定本管理办法。

第二章　奖励

一、公司奖励分为通令嘉奖，授予优秀员工、模范员工、企业优秀管理者称号。

对受奖的人员，发给荣誉证书，先进事迹材料存入个人档案；奖励形式和额度由公司确定。授予优秀员工、模范员工、企业优秀管理者一般每年度进行一次；记功、通令嘉奖和有特殊贡献者随时进行表彰授奖。

二、公司对员工的奖励由各部门提出建议，由公司决定并授予。

三、奖励条件：

（一）在完成工作任务，提高工作效率方面成绩显著者；

（二）在经营管理，提高经济效益中做出较大贡献者；

（三）在科学技术创新，技术成果推广、引进等工作中做出贡献者；

（四）在提出合理化建议及重大技术改造中取得较高经济效益者；

（五）防止或挽救事故，使企业财产免受重大损失的有功者；

（六）获得科研成果或专利有特殊贡献者（科研成果和专利必须以公司名义申报，公司优先利用，如转让必须由公司审批）。

第三章　处罚

处分分为行政处分和经济处罚：

一、行政处分：分为警告、记过、保留职务察看、降职降薪、解聘职务、辞退和开除。

二、经济处罚分为一次性罚款和减发工资。

三、对违章指挥、违章操作，造成直接经济损失一百至一千元者，给予警告处分至解聘职务，并同时给予经济处罚。

四、对工作不负责任、失职，或由本人过失造成直接经济损失一百至一千元者，给予警告至降职降薪处分，并给予一次性罚款，每月扣款后剩余工资不低于政府规定的最低工资标准。

五、对有贪污、盗窃、挪用公款、利用工作之便损公肥私和渎职者，要视情节和造成的影响，给予记过至开除处分，同时追回赃款赃物，没收非法所得，并给予必要的经济处罚。对情节严重的移交司法部门处理。

六、有下列情况之一的，按严重违反劳动纪律或企业规章制度予以辞退，解除劳动合同：

（一）年度内连续旷工三天，累计旷工五天的；

（二）拒不服从正常调动，经教育仍不悔改的；

（三）严重违反安全生产操作规程或违章指挥，造成直接经济损失超过一千元以上或造成他人重伤以上人身事故的；

（四）由于本人原因损坏设备、工具，浪费原材料、能源以及出现质量事故造成直接经济损失一千元以上的；

（五）服务态度差，或损害消费者利益给企业造成严重影响的；

（六）工作不负责任，不认真履行职责，造成经济损失超过一千元以上，以及工作时间擅自脱岗、串岗、睡觉造成严重后果的；

（七）利用企业原材料或在工作时间做私活的；

（八）无理取闹、打架斗殴、酗酒影响生产、工作秩序以及工作时间赌博的；

（九）贪污、盗窃、敲诈勒索、行贿、受贿、营私舞弊的；

（十）办理工商执照从事经营或在外单位兼职的。

七、员工受到公安机关教养、拘役、强劳者给予开除；被司法机关判处徒刑者，给予开除。

八、受警告处分的扣罚半个月工资；受记过以上处分，扣罚二个月工资，年度内不享受管理奖。

九、对应受处分的员工要及时处理。自证实员工犯错误之日起超过一个月尚不处理的，要追究相关人员的管理责任，情节严重的要给予纪律处分。

十、对滥用职权、弄虚作假，利用处分员工进行打击报复或对处分员工进行包庇者，给予警告至解聘职务处分。

十一、受处分的员工认为处分不当时，有权在处分公布后十日内逐级或越级提出申诉。

对申诉的问题必须核实，原处理确实不当的，应予以纠正。但在未改变原处理决定之前，仍然按原处理决定执行，对申诉者应予以解释，对无理取闹者要从严处分。对无故拖延、扣留和阻止申诉的人员，要追究责任，情节严重的给予纪律处分。

十二、受保留职务察看的员工，在受处分期间能够正确对待错误和改正错误，在生产和工作中做出了突出贡献，经所在部门建议，报请行使处分权限主体批准可提前解除处分。

十三、公司对员工有行使处分权。公司对员工的处分由公司做出决定，但对公司中层以上人员给予解聘职务以上处分要按聘任权限审批。部门对企业员工的处分有建议权，对分管业务涉及人员的处分有直接处分权。

十四、各企业对受到记过以上处分的员工，均须形成书面材料装入本人档案，并以书面形式通知本人，由本人签字后存档。

第四章　附则

一、本管理办法由人力资源部负责解释。

二、本管理办法的拟定或者修改由人力资源部负责。

员工培训管理办法

第一章　总则

为了有效地促进企业创新，保证企业核心竞争力，建设学习型企业，提高员工的工作绩效，特制定本管理制度。

第二章　培训权责

一、人力资源部权责。

（一）指导、协助各部门负责人制订培训计划，并结合企业经营需要和员工素质状况分析培训需求，拟订企业年度培训工作计划。

（二）负责监督培训计划的实施。

（三）负责企业培训产品的开发，定期安排人员收集培训资料和查阅有关书籍，组织编写培训教材，并制定共同性的培训教材。

（四）组织实施覆盖整个集团的培训活动，举办全集团共同性培训课程。组织新员工入职培训，协助和配合各部门开展培训活动，监督和控制各部门培训活动的进展和效果。

（五）负责培训教师、授课方案、培训内容的审核，负责培训场所的选定，负责外聘教师的联系工作。

（六）必要时召开培训工作会议，解决培训工作中存在的问题，协调各部门之间的培训工作关系。

（七）审核、办理企业外派培训事宜。

（八）负责全体员工竞聘性质的考核和培训。

二、其他部门权责。

（一）负责本部门年度培训计划的制订，并以表格形式移交人力资源部备案。

（二）负责本部门培训活动的策划以及培训管理、实施工作，评价本部门培训效果并加以改进。

（三）配合人力资源部编撰、修改专业培训教材。

（四）负责组织、策划与本部门职责有关的专业培训课程。

（五）指派一名管理人员担任兼职培训负责人，配合人力资源部开展培训相关工作。

第三章　培训体系

一、培训计划的制订。

（一）各部门根据本部门实际需要制订本部门年度培训计划，交人力资源部审核。

（二）人力资源部将各部门的培训计划汇编成企业的年度培训计划汇总表，报总经理审核后实施。

二、培训的实施。

（一）需要培训的主办部门与人力资源部协调，制订培训实施方案，在开课前两天交人力资源部审批，如培训发生培训费用则在实施方案中填报培训费用申请，一并交于人力资源部审批。

（二）培训由人力资源部发布培训通知。人力资源部协调、配合、监督和控制培训活动的进展。

（三）由主办部门负责人来落实培训场地，准备教具等相关事宜。如有教材，任课教师应在开课前2天将资料准备齐全，统一复印、分发。

（四）培训开始实施，人力资源部组织填写《培训签到表》(附表1)。

（五）培训结束后，由主办部门填写培训考核成绩单并上报人力资源部，由人力资源部作为培训档案保存。

三、培训的评估。

（一）每次培训结束后，培训主办部门应该让受培者填写授课满意度调查表，作培训效果评估（参见附表2）。

（二）培训结束后，由主办部门填报培训结报表，送交人力资源部，用于费用的支付和存档。

（三）各部门负责整理本部门组织培训的培训记录及填写员工培训档案，每半年整理一次，并填写员工培训档案，内部培训和外部培训的培训档案由人力资源部负责整理并填写员工培训档案。人力资源部负责检查各部门的培训档案，并负责所有员工培训记录的汇总工作。

（四）人力资源部每半年、年度编写半年、年度培训工作总结，对培训进行评价。

第四章 培训内容

一、新员工入职培训内容。

新员工进入工作岗位前必须经过以下培训：

（一）企业文化。

（二）职业道德培训。

（三）企业规章制度。

（四）煤炭基础知识。

（五）安全教育（法律法规、矿场安全等）。

二、专业知识培训：员工根据职位、职责的不同进行与职能相对应的专业知识的培训。

（一）营销职能培训：营销人员操作实务、职业销售技巧、令人满意的客户服务、如何制订有效的市场计划、如何开展市场调研、谈判能力、重要客户战略销售、招投标法、合同法、战略性成本控制与管理。

（二）物流职能培训：煤炭质量管理、港方的业务协调、处理有关物流环节的客户投诉、专业知识、专业技能。

（三）采购职能培训：审核产品报价，参与合同谈判、合同签订，采购渠道和资源。

（四）质检职能培训：对外发商品进行监装、过衡、采制化及数据采集、审核装车商品。

（五）财务职能培训：企业财务管理信息化、财务管理和税务筹划、战略性成本控制与管理、风险管理。

（六）人事职能培训：人力资源开发、激励与约束、薪酬管理、招聘管理、培训管理、福利管理、目标管理与绩效考核。

（七）行政职能培训：日常行政事务管理，会议，接待和活动，后勤保障工作，资产的购置、保管、调配和维护。

（八）综合计划职能培训：业务运行分析、管理相关信息、流转调度信息、库存分析。

（九）其他培训：相应岗位的操作技能。

三、分层培训。

根据员工的管理权限分为不同的层级，根据不同层级的管理权选择需要共同掌握的管理知识安排以下相应的管理培训。

（一）高层管理人员培训：企业价值、前景与公司业绩之间的相互关系，高级战略管理技术、知识管理、领导艺术。

（二）中层管理人员培训：管理沟通、领导力、团队建设、创新管理、业务管理、流程管理、财务管理。

（三）基础管理人员培训：企业文化、职业化塑造、个人发展计划、项目管理、团队建设。

（四）员工培训：企业文化、职业化塑造、企业规章制度。

（五）特殊岗位培训：一些特殊岗位除参加基本技能培训外还应参加相关岗位的技能培训。

四、外派培训。

（一）所有申请外派培训的个人和部门必须填写外派培训申请表，主管总经理审批后报人力资源部，总经理审批后实施。

（二）培训费用超过3000元的外派培训，参加培训人员要与企业签订《培训协议》。

（三）外派受训人员返回后，应将有关资源，包括教材、考试成绩、结业证书等送人力资源部存档，必须提交一份与培训内容有关的学习总结或论文，否则不予报销有关费用。人力资源部将培训成绩记录在培训档案中。

（四）外派受训人员要将所接受培训学到的知识整理成册，上交人力资源部，作为讲习资料，以后授课时使用。

（五）所有外派培训发生的培训费用必须经人力资源部签字后方可报销。未经批准擅自参加外派培训，学费和差旅费等相关费用一律不予报销。

（六）外派培训的费用由各自的部门承担。

第五章 培训课堂纪律

一、不得迟到，早退；

二、不得以任何私人理由在培训期间私自离开培训场所；

三、不得在培训期间抽烟、进食及睡觉；

四、不得在培训期间私自交头接耳；

五、要求认真做好培训笔记，积极配合讲师讲课；

六、要求学员将手机等通信工具一律调成振动，不得在培训场所接听电话。

附表1：《培训签到表》

附表2：《内部培训评估表》

附表1：《培训签到表》

培训签到表

培训内容：_____　　培训讲师：_____

培训公司：_____　　培训时间：_____

序号	所属部门/项目	姓名	备注	序号	所属部门/项目	姓名	备注

续表

序号	所属部门/项目	姓名	备注	序号	所属部门/项目	姓名	备注

附表2:《内部培训评估表》

内部培训评估表

讲员：_____ 报告内容：_____ 报告时间：_____

讲员教学态度	非常认真	比较认真	一般	差
对内容掌握情况	非常丰富	比较深入	一般	差
讲员表达能力	非常生动	比较清晰	一般	差
讲员制作报告资料	非常翔实	比较认真	一般	差
培训报告收获	收获很大	有收获	一般	没学到

对培训报告的意见和建议：

员工福利管理办法

第一条　目的

为了增强公司员工归属感，提高员工的满意度及对公司的认同度，制定本办法。

第二条　适用范围

本办法适用于公司全体员工福利管理的全过程。

第三条　名词术语解释

（一）法定福利是指公司为员工提供国家或地方政府规定的各项福利。

（二）统一福利是指公司全体员工都有权利享受的共有福利。

（三）专项福利是指公司为特殊条件职位的员工提供的专门福利。

第四条　制度执行者

（一）人力资源部负责本制度的具体执行和统一福利的发放。

（二）财务部负责对公司福利进行综合预算。

（三）院长负责福利费用的审批与核定。

第五条　法定福利

（一）社会保险。

1．社会保险的定义：社会保险是国家通过立法的形式，由社会集中建立基金，以使劳动者在年老、患病、工伤、失业、生育等丧失劳动能力的情况下能够获得国家和社会补偿和帮助的一种社会保障制度。

2．社会保险的组成：社会保险包括养老保险、医疗保险、失业保险、工伤保险、生育保险五种保险。

3．公司按当地政府规定为员工办理基本社会保险（即养老保险、医疗保险、失业保险），并承担公司应缴纳部分，个人应缴纳部分由公司代缴并从员工薪资中扣除。

（二）住房公积金。

1．住房公积金是职工按规定存储起来的专项用于住房消费支出的个人住房储金。

2．住房公积金由两部分组成，一部分由职工所在单位缴存，另一部分由职工个人缴存，职工个人缴存部分由单位代扣后，连同单位缴存部分一并缴存到住房公积金个人账户内。

第六条　统一福利

（一）午餐补助。

1．公司员工每天可享有 15 元午餐补助。

2．午餐补助按实际出勤于每周周五结算并发放。

（二）年节礼品：元旦、春节、十五、端午节等假日，员工享有节日礼品。

（三）健康保障。

健康体检：公司通过试用期的正式员工可享受公司每年提供的常规体检。

（四）员工业余生活。

1．部门活动：公司组织各种集体文娱活动、岁末聚餐联谊年会等，促进员工身心健康。

2．旅游：公司组织一年一度的员工旅游活动，旅游经费视员工在公司服务年限分别规定：

（1）进入公司服务不满一年者，年度旅游需自付 50% 费用。

（2）工作满一年未满两年者，年度旅游需自付 20% 费用。

（3）工作满两年者，年度旅游无须自付费用，但最高旅游经费为每人每年_____元/人。

（4）年度旅游可携带家属，其费用全额自费。

3．培训进修：为提高员工的知识技能及发挥其潜在智能，公司将组织各种培训进修活动。

4．图书角：公司统一为员工征订行业相关杂志图书，提供便利阅读条件。

第七条　附则

（一）公司所有的福利政策皆为集体活动行为，个人不参加者视为自动放弃，公司不做现金或其他方式的补偿。

（二）本制度的最终解释权归属公司人力资源部。

（三）本制度报股东会批准后执行。

印章管理办法

第一章　总则

第一条　为加强公司印章管理，规范公司印章的刻制、发放、保管、使用，以及停用和作废，特制定本办法。

第二条　本办法中所指印章是在公司发布或管理的文件、凭证文书等与公司权利义务有关的文件上，需以公司或有关部门名义证明其权威作用而使用的印章。

第三条　本办法适用于某旅游规划设计有限公司。

第二章　印章的适用范围

第四条　适用范围：

（一）公司公章是公司按法定程序经工商行政管理部门注册登记后，在所在地公安部门登记备案，对外具有法人效用的公司正式印章。公司公章名称为"某旅游规划设计有限公司"。

（二）法人章是刻有公司执行董事名字具有法人效应的法人专用章。

（三）财务专用章是刻有公司名称的专用印章。

（四）其他印章是刻有公司名称的其他专用印章。

第五条　公司行政办公室负责公司公章的管理与使用，负责公司各类印章的统一制发、登记，负责印章管理制度的制定、修订。

第三章　印章刻制、启用与废止

第六条　公司所有印章的刻制由公司行政办公室统一归口办理，需刻章的部门应填写《印章刻制申请表》（附件1），说明刻制印章的名称、图样以及刻制原因，并留存书面材料备案。

须经政府批准刻制的还应提交政府批准文件原件,报院长审批同意后由行政办公室统一安排刻制。公司及所属部门和个人均不得私自刻制公司各类印章。

第七条 行政办公室按刻制申请单及相关证明文件负责到公安部门指定的刻制部门进行印章的送交刻制和检查验收工作,并及时向申请刻制印章单位移交。

第八条 印章移交时行政办公室负责对印章的名称、刻制时间、保管部门、责任人员、印章图样等信息进行登记。

第九条 公司撤销或发生机构变动时,应办理印章废止手续,填写《印章废止申请表》(附件4)。一般与新印章的启用手续同时办理。废止的印章应由行政办公室保存三年后再行销毁。

第四章 印章的保管

第十条 印章应指定专人保管,未经相关负责人批准,不得委托他人代行印章保管职权。

保管人员应将印章保管在安全的设施内,严防印章被盗用或丢失,并进行印章的日常清洗,添加印油,确保印章清晰。

第十一条 若印章丢失或破损,保管人员应及时向单位负责人报告,如丢失,由行政办公室通过公共媒体申明作废,并办理新印章的刻制手续。公司有权对印章的丢失、盗用或损毁负有责任的人员追究相应责任。

第十二条 印章保管人岗位异动或离职时印章交接属于其工作移交的一部分,应办理归还印章手续,否则公司有权不予办理相关手续。

第五章 印章的使用

第十三条 各类印章的使用必须严格遵守审批手续,按《印章使用登记表》(附件2)流程进行,完成审批手续后方可用印,在进行用印登记的同时留存《印章使用登记表》,以备查。

(一)公司对外报送的各类业务报表及其他需用公司印章的文本等,需填写《印章使用登记表》,由部门负责人(负责人外出时由其明确指定人员代办)审核后用印。

（二）对外签署的合同或协议，按合同批准权限，签批合同会签表后，按合同专用章管理办法用印。

（三）公司开具介绍信、日常工作办理和使用公司资质复印件加盖公章时，要有申请人部门负责人批准的印章使用申请表，由行政办公室用印。

（四）上述未规定事项的印章使用，必须经公司院长批准。

（五）公司部门用章由部门负责人审批用印。

第十四条　若确因工作需要，须将印章带出，应填写《印章外带使用申请表》（附件3），经部门主管审核，院长批准后，方可带出。印章带出期间，只可将印章用于申请事由，并对印章的使用承担一切责任。

第十五条　各类印章的使用应符合下列要求：

（一）印章管理员要熟知各种印章的使用范围、批准权限，做到正确用印。

（二）印章管理员在用印前，必须依照审批权限规定，查看用印件审批结果，审批手续完备的方可用印。

（三）印章管理员必须亲自使用印章，不能委托他人代为用印。公司印章应盖在文件正面或公司全称上，有日期的要骑年盖月，印记要端正清晰，印章的名称与用印件的落款一致。

（四）介绍信要有存根，并在落款和骑缝处一并盖章。

（五）公司不允许在未填写或未填写完整的材料上加盖印章，经公司院长审批同意用印的材料除外。

（六）印章管理员不得擅自用印，一经发现，严肃处理，并视情节轻重追究相应责任。

第六章　附则

第十六条　本办法由行政办公室编制、修订并负责解释。

附件1：《印章刻制申请表》
附件2：《印章使用登记表》
附件3：《印章外带使用申请表》
附件4：《印章废止申请表》

附件1：《印章刻制申请表》

印章刻制申请表

申请部门	
印章名称	
刻制原因	
经办人签字	
部门主管签字	
院长审批	
图样	
移交时间	
接收人签字	

附件2：《印章使用登记表》

印章使用登记表

序号	用印材料名称	印章名称	用印分数	加盖/借出	用印时间	归还时间	用印单位	经办人	部门主管	行政办公室	主管领导审批	备注

附件3：《印章外带使用申请表》

印章外带使用申请表

印章名称			申请单位		
用印事由					
外带目的地			外带时间		
部门主管			院长		
经手人			归还时间		
序号	加盖文件名称		份数	加盖人	监督人
1					
2					
3					

附件4：《印章废止申请表》

印章废止申请表

印章名称		废止时间	
申请废止原因			
申请部门		经办人	
行政负责人审核		院长审批	
移交人		接收人	

档案管理办法

第一章 总则

一、为加强本公司档案工作,充分发挥档案作用,全面提高档案管理水平,有效地保护及利用档案,特制定本办法。

二、公司档案,是指公司从事经营、管理以及其他各项活动直接形成的对公司有保存价值的各种文字、图表、声像等不同形式的历史记录。

三、承办部门或承办人员应保证经办文件的系统完整。结案后及时归档。工作变动或因故离职时应将经办的文件材料向接办人员交接清楚,不得擅自带走或销毁。

第二章 文件材料的收集管理

一、归档的文件材料应为文字文件和电子文件,归档后的电子文件仅由公司行政办公室指定行政办公室专人负责文件材料的管理。

二、文件材料的收集由各部门或经办人员负责整理,交院长审阅后归档。

三、一项工作由几个部门参与办理的,在工作中形成的文件材料,由主办部门或人员收集。

四、会议文件由行政办公室收集。

五、原件须由专人保管,部门及个人不可保留。

第三章 归档范围

一、重要的会议材料,包括会议的通知、报告、决议、总结、典型发言、会议记录、会议录像等。

二、对外的正式发文与有关单位来往的文书等。

三、各种工作计划、总结、报告、请示、批复、会议记录、统计报表等。

四、与有关单位签订的合同、协议书等文件材料。

五、职工劳动、工资、福利方面的文件材料。

六、企业大事记及反映企业重要活动的照片、录音、录像等。

第四章 归档要求

一、档案质量总的要求是：遵循文件的形成规律和特点，保持文件之间的有机联系，区别不同的价值，便于保管和利用。

二、归档的文件种类、份数以及每份文件的页数均应齐全完整。

三、在归档的文件中，应将每份文件的正件与附件、印件与定稿、请示与批复、转发文件与原件，分别立在一起，不得分开，文、电应合一归档。

四、不同年度的文件一般不得放在一起立卷。

五、档案文件应区别不同情况进行排列，密不可分的文件材料应依序排列在一起，即批复在前，请示在后；正件在前，附件在后；印件在前，定稿在后；其他文件依其形成规律或特点，应保持文件之间的密切联系并进行系统的排列。

六、案卷封面，应逐项按规定用签字笔书写，字迹要工整、清晰。

第五章 档案登记

建立《档案登记簿》（附件1），将所有档案详细分类登记，分类管理。存档者须在登记簿上签名，方可将资料入档。

第六章 档案查阅

任何人查阅档案，需先填写《档案查阅登记簿》（附件2），经批准后方可查阅或借出（档案等级在3星至5星之间，由行政部门负责人批准，档案等级在1星至2星之间，由院长批准）。

如需在档案室内短时间查阅可不打借条；如需在档案室之外查阅使用，必须打借条方可借给。每次最长时间不得超过五天。

第七章　档案保护

（一）查阅者必须爱护档案，保持整洁，严禁涂改，注意安全和保密。

（二）严禁擅自翻印、抄录、拷贝、转借，更不得遗失。如确实需要抄录和复制，必须由院长签字的批准申请方可抄录或复制。

（三）任何档案严禁带出公司。如确因外出办理业务，必须携带档案文件，则应填写《档案借出登记簿》（附件3）。否则，如被其他人员查出未经主管经理批准蓄意带出者，须查明原因报行政办公室，并每次对当事人罚款200元。如档案或文件被带出公司以外而造成损失的，除对当事人罚款外，由当事人承担一切损失，同时对档案管理人员的失职罚款100元。未造成损失的，除对当事人罚款外，对档案管理人员处于失职罚款50元。

（四）需长期借出专人使用的档案文件、公司资质（原件），必须由专用人员写出书面借条，报院长签名批准后借出，并由档案管理人员办理登记手续。专用人员对档案资料必须妥善保存，严禁外传、泄露秘密。否则，视情节轻重罚款，并承担公司一切损失。

（五）档案管理人员每年1～2月份对公司上年度在电脑内存储的规划、规章制度、人事资料、合同、协议、工资档案、学习材料、发言材料、技术资料、报告等具有可查考价值的文件资料分类整理拷贝，标明名目后，存档备查。

第八章　附则

本办法由行政办公室编制、修订并负责解释。

附件1：《档案登记簿》

附件2：《档案查阅登记簿》

附件3：《档案借出登记簿》

附件1：《档案登记簿》

档案登记簿

序号	存档日期	文件类型	文件名称	页数	交档部门/人	备注
1						
2						
3						
4						
5						
6						
7						
8						
9						
10						
11						

保管部门：行政办公室　　档案管理人员：_____　　审核人：_____

附件2：《档案查阅登记簿》

档案查阅登记簿

序号	查阅文件名称	文件类型	查阅原因	查阅时间	查阅人	审批人签字

保管部门：行政办公室　　档案管理人员：_____　　审核人：_____

附件3：《档案借出登记簿》

档案借出登记簿

序号	借出文件名称	文件类型	借出原因	借出时间（ 月 日～ 月 日）	借出人签字	批准人（权限见规定）	是否在限定时间归还

保管部门：行政办公室　档案管理人员：_____　审核人：_____

办公用品管理办法

第一章 总则

为了合理控制办公成本，节约经费开支，公司办公用品的购买、保管和领用由行政办公室统一负责。

第一条 所有办公用品、低值易耗品、通信设备的购买，须由各部门负责人填写请购申请单交行政办公室，经审核批准后，由行政人员统一购买。

第二条 办公用品的购置和保管由专人负责。购置后须进行入库登记，检查品种、数量、质量、规格、单价是否与进货相符，按手续验收入库，登记上账。没有经审核的请购申请单或未办入库手续，财务一律不予报销。

第三条 行政办公室应做好入库和出库管理。在日清月结的条件下，月末必须对所有单据按部门统计，及时转到财务部结算。

第四条 行政办公室负责收回公司离职人员的办公用品和物品。

第五条 财务部建立公司固定资产总账，对每件物品要进行编号，每年进行一次普查。如非正常损坏或丢失，由当事人赔偿。

第二章 办公用品的采购

第六条 办公用品的采购。

（一）行政办公室根据办公物资的类别、用途、价格、消耗频率、库存情况，编制采购计划，确定采购数量，经过审批核准后，实施采购。

（二）物资采购应按统一、择优的原则经筛选确定固定主要供应商，便于成本控制、维修服务和结算。

（三）采购单件或批量在一万元以上的物品，可采用多方询价后邀请招标方式进行，参标单位至少有三家，公司成立临时专项采购工作小组，组织实施招标。

第七条 办公物资采购纪律。

（一）参与物品采购的工作人员，不准收取供应商任何名目的"中介费""好处费"；不准在供应商处报销任何费用；不准损害公司利益，徇私舞弊，为对方谋取不正当利益。

（二）物品采购过程中发生的"折扣""让利"等款项，应首先用于降低采购价格，确属难以用于降低采购价格的，一律上缴公司财务，不得由部门坐收坐支，不得提成给经办人员。

（三）对违反规定的行为，公司将追究有关当事人责任，对造成的损失由当事人赔偿，并按公司规定惩处。

第三章　办公用品的分类

第八条　办公用品的分类。

A类办公用品是指：办公家具及电子设备、大型办公文具等单价在300元以上的办公用品。

B类办公用品是指：除A类以外的零星办公用品，如：便签、笔记本、票据夹、水笔等日常办公所需物品。

第四章　办公用品的管理

第九条　办公用品的管理方法。

（一）A类办公用品管理办法：

1．公司各部门根据需要汇总所需A类办公用品种类以及数量，报送行政办公室统一购买。

2．需要添置A类办公用品的各部门或员工，应填写《A类办公用品购置申请单》（见附件1），行政办公室进行市场询价，经院长审批，由出纳付款，由行政办公室进行购置和发放。

3．办公用品购买后，行政办公室填制《A类办公用品台账》（见附件2），填写入库单，办理入库，A类办公用品的保修单、说明书等由行政办公室统一保管。

4．办公用品领取时，领用人需填写《A类办公用品领用登记表》（见附件3）。领取人或部门为该办公用品的保管人，若该办公用品为共用，则由行政办公室负责保管。

5．办公用品领用后，保管人应严格按照该用品说明进行使用和保管。如有人为损坏或遗失，由保管人自行赔付。

（二）B类办公用品管理办法：

1．B类办公用品由行政办公室根据实际需要采购，以不影响正常工作、适量储备为原则。公司各部门每季度首月5号之前汇总所需B类办公用品种类以及数量（填写《B类办公用品购置申请单》，附件4），报送行政办公室，经审批后统一购买。

2．办公用品购买后，行政办公室填制《B类办公用品台账》（附件6）入库。

3．每月10～15日统一领用本月办公用品，填写《B类办公用品领用登记表》（见附件5），领取人签名后方可领取。

第十条 驻外办事机构的办公用品管理办法。

（一）各驻外办事机构办公用品的管理原则遵照本管理办法。

（二）驻外办事机构如需购置A类办公用品，将《A类办公用品购置申请单》填写之后以电子邮件方式传到行政办公室，经审批后由行政办公室购置或委托当地购买，并分别在驻外机构和公司做好台账登记、领用登记；相关保修书、说明书等由驻外机构负责保管。

（三）驻外办事机构如需购置B类办公用品，各驻外机构每季度首月5号之前汇总所需B类办公用品种类以及数量，填写《B类办公用品购置申请单》，原则上不超过《B类办公用品配置规定》，以电子邮件方式传到行政办公室，审批通过后由驻外机构自行购买；并将购置清单及发票扫描或快递到公司，并分别在驻外机构和公司做好台账登记、领用登记。

第十一条 办公用品的盘点。

（一）行政办公室与财务部门应每季度共同盘点一次办公物资的储备数量，领用和使用情况，与台账核对，做到账实相符。

（二）公司应定期或不定期对行政办公室采购管理进行检查和考核。

第五章 附则

第十二条 本办法由行政办公室编制、修订并负责解释。

附件1：《A类办公用品购置申请单》

附件2：《A类办公用品台账》

附件3：《A类办公用品领用登记表》

附件4：《B类办公用品购置申请单》

附件5：《B类办公用品领用登记表》

附件6：《B类办公用品台账》

附件1：《A类办公用品购置申请单》

A类办公用品购置申请单（单价在300元以上）

申请部门／所在地区			申请人签字／日期		
申购物品明细					
物品名称	规格	数量	用途		
			（由申请部门填写）		
申购物品预计购置情况					
物品名称／规格	单价	数量	总价	购置点	其他购置点对比情况
					（由行政办公室填写）
是否在费用预算管控内：□是　□否			如不在费用预算管控内需单独申请并报批总裁		
领导审批	部门主管领导审批／日期				
	财务审批／日期				
	院长审批／日期				

附件2：《A类办公用品台账》

A类办公用品台账（由行政办公室填写）

所在地区：

序号	申请部门	类别	物品名称	规格	单价	数量	总价	保管部门	领用人（保管人）	备注

总价合计：　　　元

注：类别是指电子设备、办公文具、办公家具等。

附件3：《A类办公用品领用登记表》

A类办公用品领用登记表

领用日期：

序号	类别	物品名称	规格/附件	单价	数量	总价	领用部门(保管部门)	领用人(保管人)

附件4：《B类办公用品购置申请单》

B类办公用品购置申请单

部门：_____ 申请人：_____ _____年_____季度

序号	物品名称	上季度结余量	本季度申购量	备注
行政办公室意见：				

请各部门指定专人清点本部门上季度办公用品结存量，结合本季度人员及各员工工作需要申请新购量。于每季度首月5号之前报行政办公室。

附件5：《B类办公用品领用登记表》

B类办公用品领用登记表（按月领取）

部门/人数：_____ 领取人/保管人：_____   _____年___月___日

序号	物品名称	数量	备注（个人领用或是部门统一配置）

发放人签字/日期：

行政负责人签字/日期：

附件6：《B类办公用品台账》

B类办公用品台账（由行政办公室填写）

所在地区：

序号	申请部门	类型	物品名称	规格	单价	数量	总价	保管部门	领用人（保管人）	备注

总价合计：_____元

注：类别是指电子设备、办公文具、办公家具等。

公务接待管理办法

第一章 总则

为规范公司公务接待活动,在保证公务接待效果的前提下,加强公务接待费用控制,特制订本办法。

第一条 公务接待工作是公司重要的对外窗口之一,参加接待的工作人员要遵守纪律,有礼有节、热情大方,树立公司的良好形象。

第二条 本办法规定了公司公务接待的管理职能、管理内容与要求、检查与考核,适用于公司的全部公务接待活动的管理。

第二章 公务接待的管理职能

第三条 接待工作包括车辆使用接待、用餐接待、住宿接待、参观访问及技术交流接待、礼品接收与馈赠。

第四条 商务助理负责接待计划的拟订与接待工作的实施,招待费用的预算及管控。

第三章 公务接待工作原则

第五条 对等接待、各负其责、相互配合的原则;规范高效、安全节俭、服务一流的原则;统一标准、预算管理、严格控制的原则。

第四章 公务接待适用范围

第六条 公司公务接待的对象是指:到公司视察、检查、调研、指导工作的国家政府机关部门人员;公司邀请的国内外专业技术及管理人员;控股公司及其他子公司到我公司出差人员;有关兄弟企业、地方友邻单位等前来考察、参观访问、学习交流工作的领导和业务人员；与客户间业务往来的接待。

第五章　公务接待管理流程

第七条　大型团体接待管理流程。

（一）范围：省、市相关部门到我公司进行参观审查、相关企事业单位到我公司进行访问或技术交流等涉及参加人员较多、接待事项繁杂、花费费用较高的接待工作视为大型团体接待。

（二）管理流程。

1．提出接待需求：由申请接待部门提前15天提出接待需求，填写《接待需求申请单》（附表1），在接待需求中明确需要安排接待的事项，包括会议、住宿、用餐、用车、赠送礼品等安排及费用预算。

2．接待需求审批：提出申请部门将接待需求及费用预算由申请部门主管初审，行政负责人核准，院长批办后，由商务助理负责相关接待任务。

3．接待方案制订及审批：接待负责人按照接待需求及公司领导批示意见制订接待方案，报行政负责人核准后办理相关接待任务。

第八条　小型接待管理流程。

（一）范围：省、市相关部门到我公司进行参观审查、相关企事业单位到我公司进行访问或技术交流等涉及接待任务单一的接待工作视为小型接待。

（二）管理流程。

1．提出接待需求：由申请接待部门提前一天提出接待需求，填写《接待需求申请单》，在接待需求中明确需要安排接待的事项，包括住宿、用餐、用车等安排。

2．接待需求审批：接待负责人按照接待需求及公司领导批示意见制订接待方案，报行政负责人核准后办理相关接待任务。

第六章　公务接待的标准

第九条　接待标准，按照申请部门经审定后的接待需求的标准执行。

第十条　如有特殊情况需安排超标准接待，需报院长审批。

第十一条　礼品的接收保管。馈赠给本公司的礼品，统一交由行政部建账接收保管。

第十二条 礼品的馈赠。馈赠礼品金额，由申请部门主管初审，行政负责人核准，院长批办后，由商务助理负责办理并登记建账（附表2）。

第七章 附则

第十三条 本办法由行政部编制、修订并负责解释。

附表1：《接待需求申请单》
附表2：《礼品馈赠申请单》

附表1：《接待需求申请单》

接待需求申请单

申请部门		来访单位		来访时间	
来访目的		来访人数		来访主要人员及职务（另附录）	
				来访单位地址职务联系方式（另附表）	
住宿预估费用	入住时间	入住地点	房间标准及数量		金额
用餐预估费用	用餐时间	用餐地点	参加人数		金额
用车费用预估	出发时间	返回时间	用车路径	接待人数	金额
会议费用预估	会议时间	会议地点	参会人数	会议摆设物品	金额
参观需求	参观时间	参观路线	陪同领导		金额
礼品需求	礼品名称	礼品单价	礼品数量		金额
金额合计					
申请部门领导签字					
行政办公室审核意见					
院长审批					

附表2：《礼品馈赠申请单》

礼品馈赠申请单

申请部门		申请人		申请时间	
接受馈赠单位			馈赠事由		
礼品名称/接收人		单价	数量	小计	
金额合计					
部门主管意见					
行政负责领导审核					
院长审批					

安全保卫管理办法

第一章　总则

为保障公司和员工的切身利益，安全保卫工作要认真落实责任制。公司每位员工都是公司安全保卫的第一责任人，应把安全保卫工作切实提上议事日程，进行研究、部署，对本公司的安全保卫工作负全责。

第二章　安保组织

第一条　成立以各部门负责人为成员的安全保卫工作领导小组，定期检查安全保卫工作，发现问题，及时采取措施解决。

第二条　根据实际需要，由行政办公室人员负责安全保卫工作，切实负起安全保卫责任。

第三条 安全保卫人员要有高度的责任感，经常检查、督促安全保卫措施的落实情况，发现问题时及时消除隐患。因对工作不负责任而造成事故的，一律追究责任；情节严重构成犯罪的，移交司法部门追究刑事责任。

第四条 全体员工都有遵守本制度及有关安全规范的义务。凡违章造成事故的，一律追究责任；情节严重构成犯罪的，移交司法部门追究刑事责任。

第三章 防火措施

第五条 落实防火措施，办公室设置的消防栓，不得用作他用，专人应定期检查消防栓是否完好无损；配备的各种灭火器，要按规定期限更换灭火药物；防火通道必须保持畅通，严禁堆放任何物品堵塞防火通道。

第四章 安全用电

第六条 电线、电器残旧不符合规范的，应及时更换；

第七条 严禁擅自私接电源和使用额外电器，不准在办公场所使用电炉；

第八条 公司内严禁吸烟和使用明火，非本公司人员，不得随意进入。

第五章 防盗措施

第九条 财务室要安装防盗门窗和自动报警器，下班时要接通报警器的电源；

第十条 重要部门的房间要设置防盗门窗，办公房间无人时要关好门窗和电灯；

第十一条 公司财物不得随便放置，重要文件及贵重物品必须锁好；

第十二条 车辆停放时应采取必要的防盗措施。

第六章 附则

第十三条 本办法由行政办公室编制、修订并负责解释。

合同、协议会审制度

第一章 总则

第一条 为防范和控制合同、协议可能的风险,加强对合同、协议制定的监督,规范企业合同、协议制定行为,特制定本制度。

第二条 本制度适用于企业各类格式合同、协议、部门合同、协议文本的制定,以及对业务经办人员与合同、协议对方拟定的合同、协议的会审。

第三条 本制度所称会审,指合同、协议在拟稿以后正式生效之前,由合同、协议关键条款涉及的其他专业部门,会同法律顾问对合同、协议文本进行审核。

第二章 合同、协议的会审内容及要点

第四条 合同、协议拟定。

(一)各部门起草的企业格式合同、协议;各部门拟定的本部门合同、协议文本以及业务经办人与合同、协议对方拟定的合同、协议,分别由法律顾问、各部门负责人及业务经办人负责合同、协议在会审过程中的传递。

(二)合同、协议拟定者须按企业规定在"合同会审单"上填写合同会审部门及人员名称。

(三)合同、协议拟定者负责合同连同"合同会审单"在整个会审过程中的传递,直到合同、协议盖上合同专用章后结束。

第五条 合同会审主体及内容。

(一)法律顾问主要负责对合同、协议对方当事人身份和资格的审查及合同争议解决方式的审核。

(二)质检部门主要负责对合同标的物是否符合国家各项标准(产品质量、卫生防疫等)、企业技术标准等进行审查。

(三)财务部主要负责对合同对方资信情况、价款支付等的审查;并负责对违约责任条款的审查,包括违约金的赔偿及经济损失的计算等。

第六条 合同、协议会审要点。

（一）合法性。包括合同、协议的主体、内容和形式是否合法；合同、协议订立程序是否符合规定，会审意见是否齐备；资金的来源、使用及结算方式是否合法，资产动用的审批手续是否齐备等。

（二）经济性。主要指合同、协议的内容是否符合企业的经济利益。

（三）可行性。包括签约方是否具有资信及履约能力、是否具备签约资格；担保方式是否可靠；担保资产权属是否明确等。

（四）严密性。包括合同、协议条款及有关附件是否完整齐备；文字表述是否准确；附加条件是否适当、合法；合同、协议约定的权利、义务是否明确；数量、价款、金额等标示是否准确。

第三章 合同、协议会审管理规定

第七条 参与合同、协议会审的部门应根据会审职责安排人员按时参加会审工作。

第八条 会审人员应对合同、协议中的相关内容认真仔细地审查，发现疑问之处，应及时与合同、协议拟定部门进行沟通。

第九条 会审中若发现合同、协议中确有不妥之处，应责成合同、协议拟定部门修改或重拟，直至确认合同无误为止。

第十条 各会审部门对合同的会审工作累计不得超过2个工作日。

第十一条 根据法律规定及企业需要，会审通过后的合同、协议文本应及时报经国家有关主管部门审查或备案。

第十二条 会审通过的合同、协议报总经理审批后，应统一进行分类连续编号，并由合同档案管理人员专人保管。

第四章 附则

第十三条 本制度由行政办公室制定并负责解释。

合同违约及纠纷处理办法

第一章 总则

第一条 为监督合同、协议的有效履行,及早发现违约情况,以避免或减少因违约或纠纷给企业带来的损失,保障本企业的合法权益,根据《中华人民共和国合同法》及企业相关规定,特制定本制度。

第二条 本制度适用于企业所有合同、协议发生违约及纠纷情况的处理。

第二章 合同违约处理

第三条 合同、协议签订后进入执行阶段,业务经办人员应随时跟踪合同、协议的履行情况,若发现合同、协议对方可能发生违约、不能履约或延迟履约等行为,或企业自身可能无法履行或延迟履行合同、协议,应及时报告领导处理。

第四条 针对合同、协议对方违约的情形,可采取以下措施处理。

(一)要求合同、协议对方继续履行合同、协议。

(二)继续履行合同、协议是违约对方必须承担的法律义务,也是本企业享有的法定权利。不论违约对方是否情愿,只要存在继续履行的可能性,本企业就有权要求违约对方继续履行原合同、协议约定的义务。

(三)要求合同、协议对方支付违约金。

(四)合同、协议对方违约时,本企业可按照合同、协议约定要求违约对方支付违约金。

(五)要求定金担保。

(六)合同、协议对方违约时,本企业可按照合同、协议约定及《中华人民共和国担保法》向对方收取定金作为债权的担保。违约对方履行债务后,可将定金抵作价款或者收回,若违约对方不履行约定债务,则无权要求返还定金。

(七)要求赔偿损失。

(八)合同、协议对方因不履行合同义务或者履行合同义务不符合约定,而给本企业造成损失的,本企业有权提出索赔,具体赔偿金额可由业务经办部门会同法律顾问与合同、协议对方协商确定。

第五条 若企业自身发生违约行为，业务经办部门或人员应与合同对方协商解决办法，并以书面形式上报总经理，经批准后承担相应的责任、履行相关义务。

第三章 合同纠纷处理

第六条 若合同、协议履行过程中发生纠纷，业务经办人员应在规定时效内与合同、协议对方协商谈判，并及时上报主管领导。

第七条 双方经协商达成一致意见后，签订书面补充协议，由双方法定代表人或其授权人签章并加盖单位印章后生效。

第八条 若合同、协议纠纷经协商无法解决，应依合同、协议约定选择仲裁或诉讼方式解决。

第九条 企业法律顾问会同相关部门研究仲裁或诉讼方案，报院长批准后实施。

第十条 纠纷处理过程中，企业任何部门或个人未经授权，不得向合同、协议对方作出实质性的答复或承诺。

第四章 附则

第十一条 本制度解释权归行政办公室。

合同专用章管理办法

第一章 总则

第一条 为加强企业合同专用章管理，规范企业合同专用章的使用及保管，特制定本办法。

第二条 本办法适用于企业合同专用章的使用、保管等。

第二章 合同专用章的使用

第三条 合同专用章由企业行政办公室部统一印制，并指定专人保管。

第四条 企业因业务发展需要对外签订合同时，由企业执行董事或其授权的人签章，同时加盖合同专用章。

第五条 合同专用章仅限于有关合同、协议的签订，未经核准，不得在其他文件上使用。

第六条 业务经办人代表企业与合同、协议对方签订合同的，需填写《合同专用章印审批单》，经合同、协议授权签字人审查同意后方可用印。

第七条 印章管理人员对用印范围和用印手续严格审查，并对用印情况进行登记。不得为以下合同、协议的签订提供合同专用章。

（一）未经编号的合同、协议。

（二）缺少审核及报签文件的合同、协议。

（三）属于代签但缺少授权委托的合同、协议。

第八条 原则上，合同专用章不得携带外出使用。确因工作需要，必须带合同专用章到异地使用的，应经院长批准，并到印章管理员处办理借用手续。

第三章　合同专用章的保管

第九条 合同、协议用印后，印章管理人员应及时收回合同专用章。

第十条 未经领导批准，不得将合同专用章交给他人保管。印章管理人员因故临时请假，应经院长批准后指定临时保管人员并做好交接记录。

第十一条 合同专用章存放在配锁的办公保险柜里。

第十二条 合同专用章内容需要变更时，应停止使用并交行政办公室予以封存或销毁。

第十三条 合同专用章散失、损毁、被盗时，印章管理人员应及时报告领导予以处理，同时登报挂失作废。

第十四条 废止的合同专用章须保存三年。

第十五条 对于违反本办法，给企业造成损失的，应当依法追究其责任。

第四章　附则

第十六条 本制度解释权归行政办公室。

后 记
POSTSCRIPT

　　旅游规划基于其他相关规划，又不于同于其他规划，如城市规划、风景名胜区规划、森林公园规划等，与上述规划相比，旅游规划最大的不同点在于旅游规划的创意成分要远远多于上述规划，因此旅游规划应该避免千篇一律、百规雷同。我读过一些国外的旅游规划，感受颇深，那些规划文本在技术上符合规划设计的要求，表现手法有的如同一部文学作品，自始至终伴随着规划师清晰的规划脉络，展现出规划师严谨的逻辑思维、创新的设计理念和独一无二的项目策划和设计水准。我常常在旅游规划评审时说："好的旅游规划应该在符合规划格律的要求且具有较强的科学性、可操作性外，如同一部文学创作作品和精美的展示品。"这句话包含了四个层次：①符合规划格律，指的是符合对规划和旅游规划的格式、结构、内容的相关要求，符合国家法规性文件和该规划的上位规划以及相关其他规划的要求。②衡量旅游规划的良莠，关键要看规划是否具有较强的科学性和可操作性，这是规划成功实施的前提条件，缺少科学性和可操作性的旅游规划不过是"一纸空文"，没有任何意义。③如同一部文学作品，一是要有立意和创意。此规划非彼规划——新编规划的区域最好是一个新的地域，如果编制的区域相同，编制的时期应该不同，如果前两点都相同，编制规划的人员结构一定不同。既然如此，那么新编制的规划一定具有和其他规划不同的特点，一定有这部规划的创意和立意，有这部规划的鲜明思路。否则就会是规划雷同、千篇一律，甲地的规划可以运用到乙地，乙地五年前的规划稍加变换数据，就可改头换面成为新规划。二是旅游规划文本的语言要精准。旅游规划文本是旅游规划成果的一部分，既不是一本教科书、也不是单纯的研究成果，既不同于风景名胜区规划文本具有较强的法律效力，又不同于单一的企业策划，旅游规划是对在明确范围的地区发展旅游业的统筹安排、是旅游建设和经营活动的具体指导，因此，要求旅游规划文本的语言要精准、文字要经得起推敲。④是精美品。按照《旅游规划通则》的要求,旅游规划的成果要有文本、说明书和图件,审通过之后的旅游规划,也是最终呈交给甲方的成果,图片和文字要印制清图件制作要精美、装帧要有一定的设计。可以将"形如其质"这句古话用到对游规划成果的鉴定上,即严谨又精美的文本代表了一支规划团队认真负责的业务质。在此,还要补充说明一点,不是越厚的本子、越重的成果、越多的文字就是好的规划,厚而不实、重而无章的规划反而曲解了做规划本身的目的和涵义。此外,还可以用多媒体等手段,不断研究和创新各种规划表现形式。

我一直在研习规划,再加上多年从事旅游规划工作,接触的各式各样的规划不下千项,每次看到一个新的规划成果,除了总体翻看格式、形式、内容外,都会有所期待,期待规划的创新、期待可以读到一部精美的作品。

旅游规划设计机构作为旅游产业中的技术支撑和智能群体,经过多年的发展,成为中国旅游产业中知识程度最高、专业能力最强的新兴力量,据不完全统计,旅游规划设计的从业人员已达约2万人,年产值约30亿元,为促进我国旅游资源的科学开发、区域旅游的协调推进、旅游产品的精品化打造、旅游产业的健康发展发挥了重要作用。但长期以来,社会、业界和学界都缺乏对旅游规划设计行业的关注,因此,系统总结旅游规划设计行业的发展特点、发展规律,无论是对促进旅游规划设计行业的持续发展还是对我国旅游产业转型升级都具有重要的意义。

我们把多年来的工作经验梳理、总结,如果能够对规划合同中的规划"甲方"进一步了解旅游规划机构内部运营形式、旅游规划成果形式、旅游规划内容要求等有所帮助,对减少实际工作中的盲目性和认识的偏差具有一点点指导作用;对合同中的规划"乙方"在团队管理、企业经营、规划成果等方面能够略有提示,就已足矣。这就是编写本书的目的之一。

非常感谢在工作中吴文学局长和张吉林司长对我的指导,帮助我成为在旅游规划方面有所思考的一分子;感谢业内的前辈积累的知识和品德素养,使我能时时鞭策自己不断前行。

在此,我们还要感谢在本书编写和出版的过程中各方面的帮助和支持!

本书从提纲到完稿虽说有一年时间,但真正编写完成应是"一蹴而就",仅仅用了三个月的时间,所以肯定存在着观点和文字上的疏漏,敬请谅解。

潘肖澎

2013年春节